나 홀로
누수
소송

나 홀로 누수 소송

안락한 주거공간이 고통의 공간으로

박종은 변호사

좋은땅

들어가며

안녕하세요. 누수소송 전문 변호사 박종은 변호사입니다. 그동안 오랜 기간 누수소송"만"을 수행하였는데요.

처음 누수소송만을 업무로 하겠다고 주위 변호사님들께 말씀드렸을 때 반응들이 아직도 기억이 남습니다. 모두들 누수소송"만" 해서 먹고 살 수 있겠냐는 반응이었는데요. 모두의 예상과 달리 다행히도 누수소송만을 업무로 삼고 일을 할 수 있게 되었습니다.

누수소송은 우리 법원에 다양한 사건들 중에서도 비교적 소액에 속하는 사건들이 해당합니다. 그에 비하여 갈등이 심화되었을 때는 당사자가 겪는 고통이 상당합니다. 누수로 인하여 집이 망가지고 거기에 곰팡이와 악취까지 나기 시작하면 안락한 주거공간이 고통의 공간으로 바뀔 수밖에 없습니다. 나 하나만 고통받으면 그만이라면 다행일 텐데 아이들부터 온 가족이 매일 매순간 고통을 겪어야 하니 너무나 힘든 시간일 수밖에 없습니다.

그에 비하여 변호사 보수와 감정비용들 누수소송을 제기하기에 높은 산들이 존재하는데요. 자연스럽게 많은 분들께서 사건을 해결하기 위해서 나 홀로 소송을 수행하는 것을 고민할 수밖에 없습니다.

이 책은 그런 고민을 하고 계시는 분들을 위하여 쓰였습니다. 나홀로 누수소송을 진행하는 데 있어서 가장 필요한 것은 무엇인지를 고민하였고, 가장 쉽게 일반인들이 이해하고 활용할 수 있는 내용들과 설명으로 책을 꾸렸습니다.

감사합니다.

목차

들어가며   4

1. 누수소송이란   9
2. 누수소송 전 분쟁 해결 방안   17
3. 증거 수집 방법   29
4. 누수소송 절차의 전반적인 흐름   45
5. 손해배상의 범위   69
6. 소장 작성   121
7. 감정 절차   173
8. 준비서면, 답변서   233
9. 청구취지 및 청구원인 변경신청서   251
10. 판결 및 그 이후의 절차   261

마치며   274

1

누수소송이란

누수소송이란 아파트, 상가 등과 같은 집합건물에서 누수로 인하여 손해배상 등을 청구하는 소송을 의미합니다.

누수소송은 대체로 아파트와 상가와 같은 집합건물에 많이 발생하게 됩니다. 집합건물은 크게 전유부분과 공용부분으로 구분되고, 전유부분에 대해서는 구분소유자가 공용부분에 대해서는 관리단 또는 입주자대표회의에서 책임을 부담하게 됩니다.

누수사건이 발생하여 피해자가 생기게 되면, 그 피해자의 피해 회복을 위하여 누수원인에 따른 책임자가 누수원인을 제거 및 피해에 대한 금전적 배상이 이루어져야 합니다.

그런데 누수원인이 불분명하여 책임자가 누구인지 정확히 알기가 어렵고, 어떤 경우에는 금전 배상의 범위에 대하여 다툼이 존재하는 경우, 결국 법원을 통하여 시시비비를 가리게 되는데 이를 누수소송이라고 부를 수 있는 것입니다.

누수소송은 민사소송의 한 종류

누수소송은 **민사**소송의 한 종류입니다. 간단하게 민사와 형사의 구분에 대해서 설명드리겠습니다.

민사소송은 개인의 권리를 행사하고 이를 강제할 수 있는 판결문을 얻는 일련의 절차를 의미합니다. 예를 들어 빌린 돈을 다시 돌려받고 싶다든지, 우리가 설명하고 있는 누수소송처럼 손해에 대해서 돈의 지급을 청구하는 것으로 이해할 수 있습니다.

반면, **형사소송**은 죄를 지은 사람에 대한 처벌을 목표로 하는 일련의 과정입니다. 물건을 훔쳤다든지, 누구를 때렸다든지 하는 사건들이 여기에 해당할 수 있습니다.

누수소송은 누수원인에 대해서 보수할 것과 누수피해에 대한 금전적 배상을 청구하는 것을 목표로 하는 것으로 **민사소송**에 해당합니다. 따라서 민사소송을 통하여 누수원인이 있는 상대방을 처벌할 수는 없습니다.

물론, 누수사건을 **민사소송** 외에도 **형사절차**를 통하여 해결하는 사례들도 있습니다. 최근 누수의 원인을 제공한 상대방에게 재물손괴죄의 책임이 있다는 판결도 나오게 되었습니다.

그렇지만, **형사절차**를 통하여 상대방이 처벌을 받는다 하더라도, 그 처벌의 수위와 벌금 정도에 그치게 되고, 누수원인에 대하여 보수 공사를 해야하는 법적인 강제성이 없으며, 우리 손해에 대한 금전 배상이 되지 않을 경우 또 다시 **민사소송**을 제기해야 하는 맹점이 존재합니다. 때문에 아직까지 누수소송은 대체로 **민사소송** 절차를 통하여 해결하고 있습니다.

누수소송과 관련된 용어들

 이 책은 가능한 일반인들이 쉽게 누수소송을 진행할 수 있도록 어려운 법적인 설명이나 이론을 배제하고 실무적으로 곧바로 활용할 수 있도록 쉽게 작성하고자 노력하였습니다.
 그러나, 법원을 통한 소송 절차를 진행하는 데 있어서 가장 최소한의 법적 용어들을 활용할 수밖에 없어 누수소송을 하면서 사용할 수밖에 없는 몇 가지 용어들에 대해서 정리해 보도록 하겠습니다.

집합건물
 한 건물을 공간을 분리하여 여러 사람이 소유하고 있는 형태를 말합니다. 주거 공간으로는 대표적으로 아파트와 **빌라**라고 불리는 연립 주택이나 다세대 주택이 여기에 포함됩니다. 그러나 여러 사람들이 공간을 나누어 사용하지만 한 소유자로 되어 있는 다가구 주택은 집합건물에 해당하지는 않습니다. 다만, 누수사건에서 빌라의 종류를 명확히 구분하는 것은 그렇게 크게 중요한 것은 아니니 이런 구분이 있다는 정도로만 이해하면 충분합니다.
 한편, **상가** 건물 역시도 공간을 구분하여 여러 사람들이 소유하고 나아가 해당 공간을 임대하여 임차인이 영업의 목적으로 사용하기도 합니다. **상가** 종류라고 한다면 업무용 목적으로 임대 운영되는 빌딩이나, 지식 산업 센터 여기에 포함될 수 있습니다.

전유부분과 공용부분

전유부분이란 집합건물에서 구분소유자들의 소유의 목적이 되는 부분을 말합니다. 쉽게 말해서 분양을 받거나 매수를 하거나 내가 소유하고자 하는 대상이 되는 부분을 의미하는데요. 물론 전유부분이 항상 분양 면적이나 매도 매수시 작성하는 계약서상의 대상물의 표시와 일치하는 것은 아닙니다. 대체적으로 소유의 목적이 되면서 건물의 이용과 현상에 비추어 배타적으로 관리하는 영역으로 이해할 수 있습니다.

공용부분은 전유부분을 제외한 나머지 공간들이라고 이해할 수 있습니다. 아파트로 생각해 본다면 공용 현관이나 공용 복도 그 외 아파트 단지의 커뮤니티 시설들이 여기에 해당할 수 있습니다. 상가 역시도 상가 건물의 모든 사람들이 이용할 수 있는 화장실 공간이나, 외부 화단 등이 공용부분에 해당할 수 있습니다.

구분의 필요성

전유부분에 누수원인이 존재하면 전유부분에 대한 소유자가 법적인 책임을 부담하게 되고 공용부분에 누수원인이 존재하게 될 경우, 입주자대표회의 또는 관리단이 책임을 부담하게 되고, 입주자대표회의 또는 관리단이 부존재할 경우 구분소유자 전체가 소유의 비율에 따라 책임을 부담하게 됩니다. 따라서 누수의 원인이 어디에 존재하는지에 따라 소송의 상대방과 책임의 주체가 달라지게 되므로, 전유부분과 공용부분에 대하여 어느 정도의 이해가 필요합니다.

대체로 전유부분과 공용부분은 집합건물의 소유및관리에 관한 법령 및 관리 규약, 그리고 판례 등을 통하여 정리가 되었는데요. 그럼에도 불구하고 몇 가지 쟁점이 되는 부분들이 있으므로 이는 다시 한번 정리하도록 하겠습니다.

입주자대표회의, 관리단

입주자대표회의는 아파트와 같은 공동주택에서 운영과 관리에 대한 책임을 부담하는 주체를 말합니다. 입주자대표회의는 300세대 이상인 경우에 필요적으로 구성되며 그 이하 세대의 공동주택의 경우 입주자대표회의 구성이 강요되지 않습니다. 입주자대표회의 공동주택의 외벽, 공용 배관에서 발생한 누수에 대한 책임을 부담하는 주체입니다. 입주자대표회의의 법적 성격은 법인으로 보고 있으므로, 입주자대표회의 "회장" 개인이 책임을 부담하는 것은 아니므로 구분할 필요가 있습니다.

관리단 공동주택의 제외한 나머지 상가를 비롯한 집합건물에 있어서, 공용부분에 대한 관리 책임을 부담하는 주체입니다. 관리단은 "상가번영", "자치운영회" 등 실제로는 다양한 명칭으로 운영되는 곳도 있으며, 어느 상가의 경우에는 관리단이 사실상 운영되지 않고 있으며, 외주 관리업체에게 관리비의 징수 및 납부 등을 위탁하는 경우도 있습니다. 외부 관리업체는 관리단의 업무를 위탁받아 업무를 수행하는 자에 불과하므로 구분할 필요가 있습니다.

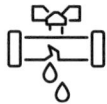

　누수소송은 흔히들 배보다 배꼽이 큰 사건이라는 말을 많이 하게 됩니다. 그래서 소송에 대해서 고민을 하는 시점부터 주변에 조언을 구하게 되면 가능하면 소송을 하지 말라는 말을 많이 듣게 됩니다.

　소송으로 갈등이 심화되기 전 분쟁 해결을 위한 몇 가지 방법을 생각해 볼 수 있습니다. 바로, **내용증명, 분쟁조정센터, 누수탐지업체를 활용**하는 방법입니다. 각 방법에 대해서 활용 방법과 한계점에 대해서 알아보겠습니다.

내용증명

소송으로 갈등이 심화되기 전 가장 많이 활용되는 방법입니다.

우체국을 통하여 의사 표시의 내용과 발송, 수신일자에 대한 공적인 증명을 받을 수 있는 방법입니다. 내용증명을 발송하게 되면, 발송 시점이 언제이고 해당 내용증명이 상대방에게 언제 송달이 되었는지를 확인받을 수 있으며, 어떠한 내용으로 발송되었는지에 대해서 확인을 받을 수 있어 좋은 제도임이 분명합니다.

누수사건에서 **내용증명**을 활용하는 목적은 명확합니다. 소송을 제기하기 이전 상대방에게 최후통첩을 함으로써 마지막으로 상대방과 분쟁을 조기에 해결하기 위한 것으로 이해할 수 있습니다.

내용증명에 포함될 내용

그렇다면 내용증명에 어떠한 내용을 포함시키는 것이 좋을까요? 다음과 같은 내용들을 내용증명에 포함시키는 것을 추천드리고 싶습니다.

1) 누수 발생시점과 현 피해상황을 포함한 사건개요
2) 누수피해에 대한 상대방의 책임

3) 위 요청사항을 이행하지 않을 경우 소가 제기될 수 있다는 사실과 패소시의 위험 부담

누수발생시점과 현 피해 상황을 포함한 사건 개요

누수발생시점은 소멸시효에 대한 분쟁이 예상될 때, 소멸시효와 관련하여 우리의 주장과 부합되는 증거로서 활용하기 위하여 기재하는 것을 추천드리고 싶습니다. 또한, 위 기재 사항은 우리 사건을 특정하는 중요한 지표 중에 하나입니다. 나중에 소송을 제기하게 되더라도 위 내용증명에 기재한 누수발생시점과 가능하면 소장 기재의 누수발생시점을 특정하는 것이 바람직하겠습니다.

누수로 인한 현재 우리 세대의 피해 개요에 대해서도 간단히 적시하는 것이 좋습니다. 피해로 인하여 우리 세대 안방, 작은방, 거실, 주방 등 어느 부분에서 피해가 발생하였는지를 기재합니다.

업무를 수행하면서 많은 내용증명 검토 요청을 받았을 때, 당사자분들께서 **누수 분쟁 해결을 위한 노력**과 관련된 내용들을 상당히 자세하고 많은 분량을 활용하여 작성하고 있는 것을 볼 수 있었습니다. 저는 **누수 분쟁 해결을 위한 노력**에 대한 내용을 기재하는 것은 추천드리고 싶지 않습니다.

그 이유는, 보통 누수 분쟁 해결을 위한 노력과 관련된 내용들을 살펴보면, 이 문제를 해결하기 위해서 본인은 얼마나 많은 노력을 하였는데 상대방은 그러한 노력을 하지 않았다는 취지로 작성이 되는데요.

이 부분에 대해서 상대방 역시도 자신의 입장에서 사건을 바라보았을 때 하고 싶은 말이 많기 때문에 이 부분에 대한 반박 주장이 제시될 가능성이 매우 높습니다.

그럼 또 여기에 대한 재반박을 하게 되는데요. 누수사건에서 가장 주요한 것은 누수원인이 어디에 존재하는지이며, 누수분쟁이 발생하게 된 갈등 과정에 관하여는 법리적으로 중요하지 않으며, 실제 재판 과정에서도 해당 내용에 대해서는 중요 쟁점으로 다뤄지지도 않습니다. 따라서 누수 분쟁 해결을 위한 노력을 당사자가 얼마나 잘 하였는지에 대한 논쟁은 너무나도 소모적인 논쟁이 될 가능성이 높으며, 이 부분에 몰두하다 보면 본질이 흐려지는 상황이 발생할 수밖에 없습니다.

<u>상대방의 책임</u>

누수로 인하여 우리 부동산 피해를 회복하기 위하여 어느 정도의 보수비용이 발생하는지, 수리 기간 동안 지낼 숙소 비용, 수리를 하기 위하여 살림살이를 밖으로 반출해야 될 경우 이사 및 짐 보관비용이 얼마인지, 내가 받고 싶은 위자료 부분을 계산하여 상대방에게 입금할 것을 요청합니다.

또한, 누수원인이 제거되지 않아 누수가 지속 중인 상황이라면 상대방에 대한 보수 공사 부분을 명확히 명시할 필요가 있습니다. 이를 위해서는 우선 누수탐지업체를 섭외하여 누수원인을 확인하고 업체의 의견에 따라 보수 공사를 진행하는 식의 의견 제시도 가능하며, 이미 누수원인 부분과 보수 방법에 대해서 어느 정도 확인이 된 상태라면 곧바로 해당 부분에 대한 공사를 언제까지 마쳐 달라는 주장도 가능합니다.

누수원인을 제거하기 위한 보수 공사를 진행하는 데 있어서, 공사 전후 사진을 촬영하여 제공해 달라거나, 공사업체에 관한 정보를 요청하는 것도 좋은 방법 중에 하나입니다.

소송 시의 위험 부담

만약 이 내용증명에 따라 요청 사항을 이행하지 않을 경우 소송을 제기할 수 있음을 명시합니다. 또한, 소송이 제기되어 패소될 경우 상대방이 입게 될 위험 부담에 대해서도 간단히 언급하는 것이 좋습니다. 예를 들면 소송에서 패소할 경우 변호사비용 및 감정비용 등과 같은 소송비용을 추가로 부담하게 되고, 소송비용에 대해서 지급하지 않으면 상대방 소유 부동산에 대해서도 강제집행을 실시할 수 있음을 명확히 표시합니다.

특별손해에 대한 예견 가능성을 심어 주는 기능

경우에 따라서는 누수로 인하여 어느 범위까지 배상을 받을 수 있을까 하는 문제에 대해서 고민이 되는 경우가 있습니다. 예를 들어 누수로 인하여 떨어진 빗물에 미끄러져 넘어진 경우 그 치료비도 청구할 수 있는가의 문제인데요. 누수가 발생하였을 때 일반적인 상황이 아닌 어떤 특수한 상황이 가미되어 발생하는 손해를 특별손해라고 합니다. 이러한 특별손해를 청구하기 위해서는 상대방이 특별손해가 발생할 것을 알거나, 알 수 있었을 것이라는 요건이 필요하게 되는데요.

나중에 소송을 제기할 때 위와 같은 특별손해에 대해서 위와 같은 예견 가능성을 상대방에게 심어 주기 위해서 내용증명을 활용할 수 있습니다. 물론 내용증명을 발송하는 것만으로 특별손해에 대해서 인정받을 수 있다는 것은 아닌데요. 그렇지만 최소한의 증거를 확보하는 의미는 분명 존재합니다.

예를 들어, 지금 누수피해에 대해서 적절한 배상을 하지 않게 된다면, 우리 세대의 임차인이 임대차계약을 해지하고 퇴거를 하게 되어 임대료 상당의 손해, 임차인의 이사비용 등을 지급할 가능성이 존재한다는 것을 내용증명을 활용해서 통보할 수 있습니다.

내용증명의 한계

누수소송에서 내용증명이 필수적인 것은 아닙니다. 내용증명을 발송하지 않는다고 하더라도 소송을 제기할 수 있습니다. 즉, 내용증명의 발생 여부와 소 제기 여부는 전혀 별개의 문제인 것입니다.

또한, 내용증명을 발송하였다고 해서 추후 소송에서 유리한 입지를 선점하는 것도 아닙니다. 누수사건은 누수원인의 존부 및 발생 영역에 따라 책임소재자가 가려지므로 내용증명 발송 여부에 따라 판결의 승패가 좌지우지되지 않습니다.

따라서, 앞서 언급한 것처럼 소송 전 **최후통첩** 정도의 의미로 활용해

보시는 것이 좋으며, 내용증명 발송 시 상대방의 의사를 언제까지 회신해 줄 것을 명확히 표시하고 해당 시점까지 회신이 오지 않을 경우 곧바로 소송 절차 진행에 대하여 적극적으로 검토해 보는 것이 좋습니다.

저의 경험한 내용증명을 통하여 분쟁이 해결되는 사건은 1차례의 발송만으로도 해결이 되었으며, 여러 차례 상대방과 내용증명을 주고받는 것은 대체로 서로의 의견 차이가 커서 소모적인 논쟁이 지속되는 경우가 많았습니다.

분쟁조정센터

중앙공동주택관리 분쟁조정센터를 이용하여 분쟁을 해결해 보는 방법을 고민해 볼 수 있습니다.

분쟁조정센터를 통하여 조정 절차를 진행하게 될 경우, 판결과 같은 승패가 아닌 합리적인 해결책 또는 조정안을 통하여 분쟁 상황을 빠르게 해결할 수 있습니다.

분쟁조정센터의 한계

분쟁조정센터를 통한 방법으로 소개해 드렸지만, 실제로 위 절차를 통하여 해결되는 사례는 극히 드물었습니다. 분재조정센터의 가장 큰 한계점은 위 절차를 거치기 위해서는 **상대방의 동의**가 필수적이라는 것입니다. 즉, 누수피해 세대에서 분쟁조정신청을 하였다 하더라도 상대방 측에서 동의를 하지 않으면 조정 절차가 진행이 되지 않습니다.

또한, 중앙공동주택관리 분쟁조정센터를 500세대 이상의 공동주택(아파트)의 분쟁 건에 대해서 업무를 수행하므로, 500세대 이하의 공동주택 거주자는 신청에 제한이 존재하고, 상가 누수사건의 경우에도 이용하지 못한다는 한계가 존재합니다.

누수탐지업체의 활용

　누수탐지업체를 섭외하여 구체적인 누수원인을 확인하고 이를 보수함으로써 추가적인 손해를 예방할 수 있습니다.

　누수사건이 발생하였을 때, 갈등의 당사자들이 가장 먼저 취할 수 있는 방법입니다.

　다만, 누수탐지업체를 누가, 어떤 업체를 섭외할 것인가, 탐지비용을 누가 부담할 것인가에 대해서 당사자 사이에 의견이 조율되지 않아 업무가 진행되지 않는 경우도 있습니다. 간혹, 이에 대하여 법에서 어떻게 정하고 있는지에 대해서 물어보시는 경우도 있었습니다. 그러나, 이에 대하여 확립된 법령이 존재하는 것은 아닙니다. 실무에서 경험해 보았을 때 이에 관하여는 다음과 같은 기준들로 진행되는 것 같습니다.

누수탐지업체 선정

　누수탐지업체를 선정하는 데 있어서 먼저 당사자가 서로 협의하여 누수탐지업체를 선정할 수 있습니다. 그런데 협의가 되지 않을 경우 피해자 측이나 가해자 측 어느 쪽에서라도 탐지업체에 대한 의견을 제시해야 하는데요. 내가 탐지업체를 섭외하는 것이 아니라고 한다면 적어도 2-3개 이상의 업체를 제시해 줄 것을 요구하고 그중 어떤 업체로 진행할 것인지에 대하여 제시한 측이 아닌 제시받은 측에서 선택할 수 있도록 하는 것이 좋습니다.

실력 있는 누수탐지업체를 분별하는 것이 결코 쉬운 일이 아닙니다. 탐지업체가 그동안 업무를 하면서 성과를 기재한 블로그 글이나 유튜브 영상을 확인해 보고, 어떤 장비들을 활용하여 탐지업무를 수행할 것인지에 대해서 확인해 보는 것이 좋습니다.

특히, 누수탐지를 통하여 업체가 어떠한 누수원인에 대한 소견을 제시하여도 어느 당사자가 납득하지 못하는 경우도 분명 존재합니다. 결국 탐지업체의 소견에 대해서 모든 사람이 납득하기 위해서는 결국 **실험적인 검증**이 필요합니다.

예를 들어 누수탐지업체가 위층 세대의 화장실 방수층 문제를 거론하였다면, 당연하게도 화장실에 담수 테스트를 하여서 누수피해가 재현되는지를 확인해 봐야 할 것입니다. 이를 위해서는 업체를 선정함에 있어서 위와 같은 **실험적 검증**에 대해서 업무가 가능한지, 이에 대하여 상대방의 충분한 협의 의사가 있는 등을 미리 확인해 보는 것이 좋겠습니다.

탐지비용에 대한 부담

탐지업체를 선정하는 데 있어서 그럼 탐지비용을 누가 부담하는지에 대하여도 다툼이 있을 수 있습니다. 일반적으로 누수탐지 결과 가해의심세대에 누수원인이 확인되었을 때 가해세대 측에서, 가해의심

세대에 누수원인이 확인되지 않았을 때에는 피해세대 측에서 탐지비용을 부담하기로 약속하고 누수탐지를 의뢰하게 됩니다.

누수탐지업체 입장에서는 위와 같이 누수탐지비용에 대해서 양측 당사자가 서로 협의가 되지 않을 경우 아예 현장에 나가지 않겠다고 업무를 거절하는 경우가 있습니다. 탐지업체 측에서는 위 협의가 없다면 현장에 나가 열심히 업무를 수행하였지만 그에 대한 보수를 지급받지 못하고, 윗집에서는 아랫집에게, 아랫집에서는 윗집에게 받으라는 말만 하게 되면서 피해를 받게 되는데요. 그래서 위와 같은 협의는 탐지업체를 통하여 일을 진행하는 데 있어서 매우 중요한 부분이 되겠습니다.

간혹, 우리 세대 누수피해가 확산되는 것을 막기 위하여 위와 같은 협의 없이 피해세대에서 탐지비용을 부담하여 업무를 수행하는 경우가 있습니다. 이 경우 추후, 누수탐지비용은 **손해예방비용**으로 누수소송을 제기하면서 해당 비용을 청구할 수 있습니다.

3

증거 수집 방법

사진 및 동영상 자료의 확보

본격적인 누수소송에 들어가기 앞서 소송에 필요한 증거 자료를 확보해야 합니다. 누수소송에서 가장 필수적인 증거라고 한다면 당연하게도 사진 및 동영상 자료라고 할 수 있습니다.

이제 스마트폰을 활용하여 고화질의 사진과 동영상 자료를 확보할 수 있어서 누수피해를 입증할 사진이나 동영상 자료를 확보하는 데 너무나도 용이해졌습니다. 사진 및 동영상 자료를 통하여 피해세대에 발생한 누수발생 사실을 쉽게 입증할 수 있습니다.

사진 또는 동영상 증거를 확보하는 방법이 정해진 것은 아닙니다. 다만, 사건 현장을 방문하지 않은 판사 또는 대리인의 입장에서 사진이나 동영상 자료를 쉽게 이해하기 위해서는 다음과 같은 방법을 안내해 드리고 싶습니다.

누수피해 부분에 대해서 거리를 달리하면서 촬영

누수피해 부분에 대한 사진을 촬영하면서, 피해 부분이 잘 드러나기 위해서 가깝게 최대한 피해 부분이 사진의 프레임에 꽉 차게 촬영하는 경우가 많습니다. 그런데 그런 경우 피해 부분에 대한 피해 정도는 쉽게 파악할 수 있지만, 이 누수피해 부분이 전체 부동산의 어느 부분에 대한 피해인 것인지, 다른 피해 사진들과 같은 것인지 다른 것인지, 피해의 면적이 어느 정도인지에 대하여 이해하기가 어렵다는 단점도 있습니다.

그렇기 때문에 누수피해 부분을 멀리서 촬영하는 것도 추천드리고 싶습니다. 누수피해 부분이 우리 집 구조에 비추어 볼 때 어디 부분인지 이해하기 쉽게 촬영한다면 재판부 입장에서는 사건에 대한 이해가 빠를 수밖에 없습니다.

그렇다면, 같은 피해 부분에 대해서 피해의 모습이 잘 보이도록 가깝게 촬영하는 사진 하나, 그리고 피해 부분이 전체 집 구조 안에서 어느 부분에 해당하지는 이해가 되도록 멀리서 찍는 사진 하나 이렇게 두 가지 방법으로 사진을 촬영하는 것을 추천드리고 싶습니다.

등고선 활용

　누수피해가 1회성으로 끝나는 경우도 있지만, 그렇지 않고 지속적으로 또는 반복적으로 누수피해가 발생하면서 피해 부분이 점차적으로 확산되는 경우도 있습니다. 그럴 경우 매번 사진을 촬영하는 것은 많은 시간과 노력이 들어가야 하는 부분입니다. 그래서 이렇게 점차적으로 피해 부분을 확산하는 모습을 효과적으로 증거를 수집해야 하는 방법을 고민해야 되는데요

　먼저 최초 누수피해 당시 모습을 촬영한 이후 피해 부분의 경계선을 연필로 그리고 날짜를 기입하도록 합니다. 이후 시간이 지나 피해 면적이 넓어지거나, 지속 또는 반복된 피해로 인하여 피해 면적이 넓어지는 경우 다시 한번 연필을 통해서 경계선을 그리고 날짜를 기입하게 됩니다. 이런 식으로 계속 반복하다 보면 피해가 점차적으로 확산되는 모습을 효과적으로 증거를 남길 수 있고, 소장 제출 전 현재 사진을 한 번 촬영하는 것만으로 피해가 확산되는 모습을 효과적으로 증거를 확보할 수 있습니다.

메타 태그 보존

누수피해 사진을 촬영하기 위해서 사진을 많이 찍게 되는데요. 카메라를 사용하기보다는 스마트폰으로 촬영하는 경우가 많으실 겁니다. 스마트폰으로 사진을 촬영하게 되면 사진 촬영 일시, 사진 촬영 장소, 조리개 값 등 다양한 정보가 저장이 되는데요 이런 정보들을 메타 태그라고 부르게 됩니다.

누수사건의 경우 간혹 소멸시효의 문제 또는 피해 발생 사실의 인과관계를 입증하는 데 있어서 사진 촬영 시점이 언제인지가 문제가 되는 경우들이 존재합니다. 이럴 때 이 메타 태그를 증거로 제시하면서 **시점**에 대한 입증을 해낼 수 있습니다.

그런데 간혹 스마트폰을 변경하시거나 어떤 이유로 해서 사진을 카카오톡과 같은 곳에 올려 놓고 다운로드하는 방법으로 정보를 저장 및 활용하는 경우가 있는데요. 그런 경우 이 메타 태그가 변경되어 촬영 시점에 대한 입증이 어려운 경우도 존재합니다.

때문에, 스마트폰으로 누수피해 사진을 촬영한 경우 **원본** 사진을 가능하면 잘 보존해 놓는 것이 좋습니다. 원본 사진을 보존하는 것이 특별히 어려운 것은 아닌데요 촬영한 스마트폰을 잘 가지고 계시면 되는데요, 만약 스마트폰을 변경해야 할 일이 생긴다면, 원본 사진을 그대로 복사하여 PC에 저장해 놓으시기를 추천드리고 싶습니다.

통화 녹음 문자 메시지

통화 녹음의 적법성

통화 녹음과 관련해서는 불법인지 여부를 묻는 질문이 많습니다. 1:1 대화를 녹음하는 것은 아직 현행법상 문제가 되지 않습니다. 즉 내가 상대방에게 전화를 걸어 상대방과의 통화를 녹음을 하는 것은 문제가 되지 않습니다. 꼭 전화가 아니더라도 얼굴을 보고 대화하는 것 역시도 1:1의 관계에서는 상관이 없습니다.

다만, 2:1의 상황은 다릅니다. 다른 두 사람이 대화하는 것을 내가 녹음하는 것은 통신비밀보호법을 위반하게 되므로 이는 주의하셔야 합니다. 누수사건 같은 경우에는 누수원인을 확인하겠다면서 관리사무소 직원들과 사건의 당사자들이 모여서 다수가 대화를 나누는 상황이 종종 존재하게 되는데요. 그런 상황에서는 녹음을 해서는 안 되며, 이를 증거를 사용할 수 없습니다.

통화 녹음 및 문자 메시지의 활용

통화 녹음과 **문자 메시지**의 내용들이 곧바로 누수의 원인이 어디에 존재하는가를 직접적으로 입증하는 증거는 아닙니다. 그럼에도 위와 같은 자료들을 확보하는 이유는 다음과 같은 의미들이 있기 때문입니다.

1) 누수발생시점에 대한 특정
2) 누수 현상 및 예상되는 원인에 대한 정황 증거

통화 녹음이나 **문자 메시지**는 대부분 대화 시점을 특정할 수 있습니다. 보통 누수가 발생하게 되면 상대방에 대해서 누수발생사실을 통보하게 되므로, 누수가 언제 발생하였는지에 대하여 입증 자료로 활용할 수 있습니다.

누수가 언제 발생하였는지에 대해서는 주로 **소멸시효**와 논의가 되는 경우가 많습니다. 누수발생 이후 시간이 상당히 경과하여 소가 진행되는 경우 종종 문제되는 경우가 있습니다. 때문에 최초 누수발생시점에 대하여 위와 같은 **통화 녹음**이나 **문자 메시지** 증거들이 활용되기도 합니다.

누수현상과 예상되는 누수원인에 대한 판단을 함에 있어서도 위 증거들이 활용되기도 합니다. 누수사건은 원인에 따라 어느 정도 일정한 특징을 가지고 있는 경우들이 있습니다. 또한, 누수발생 이후 건물의 보존상태가 변경되어 누수 현상이 중단 또는 변경된 경우, 예상되는 누수원인이 무엇인지를 분석하는 데 중요한 증거로 활용될 수 있습니다.

예를 들어 윗집의 난방분배기에서 누수가 발생하여 아랫집에 피해가 발생하였다고 다툼이 되는 사건이 있다고 가정해 봅시다. 아랫집의 주장 취지는 윗집의 난방분배기 수리 이후에 더 이상 추가적인 누수가 발생하지 않았다고 주장하면서, 윗집의 난방분배기가 이 사건 누수의 원인이라고 주장하고 있습니다. 그러나, 윗집에서는 다른 주장을 하고 있습니다.

윗집에서는 난방분배기 수리 이후에도 아랫집에서 추가적인 누수피해가 발생하였으므로, 난방분배기 수리는 이 사건 누수의 원인과 상관이 없고 다른 제3의 원인이 있다는 주장을 하고 있습니다. 이러한 사건의 경우 감정인도 난방분배기 수리 이후에 아랫집에 추가적인 누수피해가 발생하였는지 여부에 대하여 관심을 가질 수밖에 없습니다.

이런 사건에서, 만약 윗집에서 난방분배기 수리 이후 아랫집으로부터 누수피해가 발생하였다는 전화를 받거나 문자 메시지를 받은 증거를 제출한다면 누수원인을 판단하는 데 있어서 상당히 의미 있는 증거로 활용될 수 있을 것입니다.

통화일시가 변경되지 않도록 저장 상태 유지

위와 같은 내용에 비추어 볼 때 **통화 녹음**이나 **문자 메시지**를 증거로 활용하기 위해서는 그 통화가 언제 녹음되었는지 문자 메시지가 언제 발송되었는지를 확인할 수 있는 것이 중요합니다.

그렇다면, 통화 녹음 파일의 저장일시나 문자 메시지의 발송일시가 변경되지 않도록 저장상태를 그대로 유지하고 있으면, 그것으로 충분한 증거 수집 방법이 됩니다.

입주자대표회의 사업자등록증

 누수소송의 직접적인 증거는 아니지만 소송에 꼭 필요한 자료 중에 하나가 **입주자대표회의의 사업자등록증** 또는 **고유번호증**입니다.
 아파트와 같은 공동주택의 경우 특정 세대 수가 넘어가게 되면 입주자대표회의가 존재하게 되고, 입주자대표회의에 공용부분 하자에 대한 책임이 존재하게 됩니다.
 그렇다면 누수원인이 공용부분에 존재하는 것이 확인되었거나, 누수원인이 전유부분 또는 공용부분 어디에 존재하는지 모를 경우, 또는 누수원인이 불분명하여 집합건물의 소유 및 관리에 관한 법률에 따라 공용부하자로 추정을 받아야 할 경우에는 피고로 입주자대표회의를 특정을 해야 됩니다.
 입주자대표회의 법적 성격을 우리 판례는 비법인 사단으로 판단을 하고 있는데요. 그럼 비법인 사단으로서 어떠한 실체가 있는지에 대해서 법원에서는 궁금해할 수밖에 없습니다. 따라서 이 부분에 대해서 소송을 제기한 원고가 입증을 해야 되는데요. 이때, **입주자대표회의의 사업자등록증** 또는 **고유번호증**을 제출하게 됩니다.
 입주자대표회의 사업자등록증이나 고유번호증은 입주자대표회의가 업무를 할 때 세무 처리를 해야 하는 경우들이 있는데 이때 활용하기 위해서 대부분 둘 중에 하나의 자료는 가지고 있게 됩니다. 소 제기 전 관리사무소에 위 자료들을 요청하여서 미리 확보하시는 것을 추천드립니다. 소 제기 이후 위 자료들을 달라고 요청하게 되면, 관리사무소에서는 소송 자료로 활용될 것이라는 것을 눈치채고 제공을 거부하게 되는데요. 그럴 경우 소장 접수 이후 과세정보제출명령신청을 통하여 확보해야 하는 번거로움이 있으므로, 소송 전 미리 확보하시기를 추천드립니다.

누수탐지업체 소견서

　누수탐지업체의 소견서가 소송의 실패를 좌지우지하는 소송 자료는 아닙니다. 그러나, 소견서를 통해서 어느 정도 누수원인이 어디 부분에 있을지에 대한 대략적인 예상이 가능하게 되고, 추후 상대방이 누수원인을 인정하지 않아 감정을 진행하게 될 경우 감정인이 누수원인을 판단하는 데 중요한 자료로 활용될 수 있습니다.

　탐지업체 소견서가 업체들마다 기재하는 방식이나 내용들이 많이 차이가 나는데요. 그렇다면 소송에 도움 되는 다음의 내용들이 소견에서 기재될 수 있도록 업체에 부탁하거나 처음 탐지 업무를 할 때부터 미리 요청을 해 놓는 것을 추천드리고 싶습니다.

1) 탐지업체가 처음 피해세대를 방문하였을 때 피해 상황에 대한 사진 및 소견
2) 피해 상황에 비추어 볼 때 의심되는 누수원인에 대한 소견
3) 의심되는 누수원인을 판단하기 위하여 사용한 누수탐지 방법
4) 누수탐지 방법을 수행하였을 때 도출된 결과 및 이에 대한 사진 자료

5) 누수원인을 확인되지 않았을 경우, 추가적인 탐지 방법이 무엇인지
6) 누수원인을 탐지하는 데 있어 방해를 받았을 때 누구로부터 방해를 받았고 어떤 어려움이 있었는지

위와 같은 내용을 실제 업무를 수행한 탐지업체로부터 소견서를 받아 놓는다면 향후, 소송 절차를 진행하는 데 도움을 받을 수 있습니다.

다만, 탐지업체의 소견만으로 누수소송에 있어서 감정 절차를 완전히 대체할 수는 없습니다. 재판부는 누수탐지업체는 기본적으로 당사자 일방과 계약을 체결하고 그로부터 업무비용을 받으면 소견서를 작성하는 것이므로, 소견서를 전적으로 신뢰하지는 않습니다.

따라서, 탐지업체 소견서를 증거로 제출한다 하여도 상대방이 탐지업체 소견을 믿을 수 없다는 항변을 하거나 그에 적절한 의견을 제시하게 된다면 적극적으로 감정 신청을 고민해야 하겠습니다.

견적서

누수소송에서 우리 인테리어 훼손에 대한 보수비용을 청구해야 하므로, 이 보수 공사를 진행하는 데 있어 어느 정도 비용이 필요할지에 대한 어느 정도의 예상을 가지고 있어야 합니다. 이를 통해서 우리 사건이 최종적으로 어느 정도 금액의 판결을 받을 것인지 가늠해 볼 수 있으며, 소송 중간 상대방이 화해를 제안할 경우, 어느 정도 금액대에서 화해를 할 수 있는지에 대한 나름의 기준으로서 역할을 할 수 있습니다.

때문에, 소송을 진행하기 전에 인테리어 업체를 통하여 견적서를 미리 받아 놓는다면, 위와 같은 편의를 도모할 수 있습니다.

그런데 인테리어 견적을 받는 데 주의할 점이 있습니다.

우리 집이 입주 전 전체 인테리어를 시공하였기 때문에 기존에 인테리어를 진행한 업체를 통하여 다시금 견적을 산출하는 것을 쉽게 생각해 볼 수 있는데요. 그럴 경우 기존 인테리어 업체로서는 자신들이 한 인테리어의 수준을 다시 회복하기 위하여 견적을 산출하게 되는데요. 그 경우 견적이 다소 과도하게 작성될 가능성이 존재합니다.

또 위에서 설명드린 부분과 비슷한 맥락으로, 우리가 전문 인테리어

회사를 통하여 견적을 받게 되면 이 또한 다소 과도하게 견적비용이 작성될 가능성이 존재합니다.

저는 의뢰인분께 견적서를 자료를 요청드리면서, 우리 아파트 근처에 있는 인테리어 업체를 통하여 견적을 산출하시기를 보통 추천드리고 있습니다. 아파트 근처에 있는 인테리어 업체들은 대개 해당 아파트의 구주와 마감재 등을 잘 알고 있고, 비교적 합리적인 범위 내에서 견적을 제시하는 경우가 많다고 생각하고 있습니다.

누수소송 절차의 전반적인 흐름

　우리가 법원에 소장을 접수하면서부터 판결이 나올 때까지 소송 절차라는 큰 흐름이 진행되게 됩니다. 소송을 수행하면서 여러 단계의 재판 절차를 수행하게 되는데요. 큰 흐름에 대해서 먼저 이해를 해 보도록 하겠습니다.

소장 접수 및 송달 단계

　민사소송의 경우 대법원 전자소송 사이트를 통해서 대부분 업무를 하게 됩니다. 전자소송 사이트 이용 방법에 대해서는 다음 장에서 설명을 하도록 하겠습니다.
　전자소송 사이트를 통하여 소장을 접수하게 되면, 곧바로 사건번호가 부여됩니다. 그리고 얼마 후 우리 사건의 담당하게 되는 재판부가 정해지게 됩니다.
　그리고 특별한 문제가 없다면 소장에 표시된 상대방 누수로 송달이 되게 됩니다. 상대방이 소장을 송달받게 되면 본격적인 소송 절차가 진행된다고 이해할 수 있습니다. 상대방은 소장을 송달받은 시점으로부터 30일 이내에 답변서를 제출해야 합니다. 물론 이 답변서 제출 기한이 도과된다고 하여 곧바로 피고가 불이익한 상황에 처하는 것이 아니기에 기간이 도과된 이후에 답변서를 제출하는 경우도 있습니다.

상대방 답변서 제출 및
향후 소송 진행 방향에 대한 결정

상대방이 답변서를 제출하게 되면 우리에게도 송달이 되어, 내용을 확인할 수 있습니다.

누수소송을 진행하면서 소를 제기한 원고 입장에서 가장 화가 나는 순간이실 거라는 생각이 됩니다. 상대방의 답변서를 보면 우리 생각과는 한참 다른 피고의 입장을 확인하기 때문인데요. 그렇지만 대부분의 내용들은 아마도 법리적인 주장들과는 거리가 먼 항변들이 많이 있을 것입니다. 마음을 추스르고 상대방의 답변서에 꼭 확인해야 할 내용은 크게 두 가지입니다. 이 부분에 대한 확인을 꼭 하시기 바랍니다.

1) 누수원인에 대하여 인정하고 있는지 여부
2) 우리의 손해배상금액에 대하여 인정하고 있는지 여부

위 두 가지 부분에 대하여 어느 것을 인정하고 부인하느냐에 따라 감정 신청 여부 및 감정 신청을 할 경우 어떤 내용들을 할 것인지가 결정된다고 볼 수 있습니다.

상대방의 답변서를 받은 이후, 이에 대하여 반박하는 내용의 준비서

면을 제출할 수 있으며 또는 곧바로 누수원인 및 손해배상금액을 입증을 위한 감정 신청을 할 수 있습니다.

변론 및 증거신청

　이렇게 상대방이 답변서를 제출한 이후 변론기일이 지정될 수 있습니다. 변론기일은 법원에서 원고와 피고가 참석하여 재판부와 함께 사건의 진행 방향 및 주장 사항을 정리하는 시간이라고 생각하면 됩니다.

　변론기일은 비교적 짧은 시간 동안 진행이 됩니다. 당사자께서 재판부에 하고 싶은 말이 많겠지만 이런 내용들을 다 들어 줄 만한 시간이 현실적으로 부여되기가 어렵습니다. 누수사건은 대부분 3,000만 원 이하의 소액사건들로 소액전담재판부에서 변론 절차가 진행이 되게 되는데요. 소액사건이 상당히 많기때문에 10분 사이에 적게는 2-3개 정도의 사건들이 많게는 5-6개의 사건들이 변론 절차가 잡혀 있기 때문입니다.

　때문에 변론에 앞서서 재판부에 전달하고 싶은 의견은 미리 사전에 서면을 제출하시는 것을 추천드리고 싶습니다.

　그렇다면 변론기일 때는 어떤 얘기들이 오고 가는 것일까요. 일단 재판부에서 원고가 제출한 소장 또는 피고가 제출한 답변서에 관하여 궁금한 것들을 물어볼 수 있습니다. 누수사건과 관련해서 재판부가 첫 변론기일 때 궁금해할 만한 내용들은 다음과 같은 것들이 있습니다.

1) 원고 소장제출 취지가 누수로 인한 손해배상을 청구하는 것이 맞는지
2) 누수가 현재에도 지속되는지 여부
3) 피고들이 이 사건 누수에 대한 책임이 있다고 생각하는 이유가 무엇인지
4) 원고 손해배상청구의 법리적인 근거가 무엇인지, 피고들에 대한 청구금액이 불분명할 경우 이에 대한 명확한 의견은 무엇인지

다음으로 원고는 주장 사실을 입증하기 위해서 어떤 증거를 신청할 것인지를 확인하게 됩니다. 이때 보통 구두로 감정 신청을 하겠다는 진술을 하게 됩니다. 그럼 재판부에서는 감정신청서를 제출하라는 명을 하게 됩니다. 사전에 감정신청을 한 경우라면, 재판부에서 원고 측에서는 주장 사실을 입증하기 위하여 감정 신청을 하는 것으로 보이는데 이를 진행할 생각인지 확인하게 됩니다.

감정 절차의 진행

　재판부에서 원고의 감정 신청을 받아 줄 경우, 본격적인 감정 절차가 진행되게 됩니다.
　보통 법원에서 감정인 후보자를 2-3명 정도 제시하여 줍니다. 감정인 후보자들은 저마다 예상감정료산정서라는 것을 법원에 제출하게 되고, 법원에서 이를 당사자들에게 송달하여 주게 됩니다.
　예상감정료산정서를 보게 되면 후보자의 간단한 프로필과 학력사항, 경력사항, 전문분야, 법원감정이력 등에 대한 정보들이 기재되게 됩니다. 그리고 감정인이 이 사건 감정 업무를 수행하는 데 있어서 필요할 것으로 예상되는 감정료에 대한 부분이 기재되어 있습니다.
　이 후보자들 중에서 감정 업무를 가장 적절히 잘 수행할 것으로 예상되는 후보자를 기재하여 **감정인 지정의견서**를 법원에 제출하게 됩니다. 감정인 지정의견서를 받은 법원에서는 법원의 가상계좌에 원고가 감정료를 납부하고 감정료납부내역서를 법원에 제출할 것을 명하게 됩니다.
　감정료 납부까지 완료되면 법원에서 감정인 지정 촉탁을 하고 위 촉탁결정서가 감정인에게 도달되면 본격적인 감정 업무에 돌입합니다.

감정보고서 회신 및 변론 진행

법원으로부터 감정 업무를 촉탁받은 감정인이 감정 업무를 수행하게 됩니다.

감정인은 원고와 피고 일정을 조율하여 현장감정 일정을 통지하고, 현장감정에 앞서 필요한 자료들을 원고 및 피고들에게 제출해 줄 것을 요구합니다. 감정인들이 요구하는 자료들은 사건들마다 다르지만 일반적으로는 다음과 같습니다.

1) 소장 및 사건 기록 일체
2) 평면도
3) 건축도면 및 배관도면
4) 누수피해 사진 및 동영상 자료
5) 부동산등기부등본 및 건축물대장

위와 같은 참고 자료들을 법원 또는 감정인에게 직접 전달하게 됩니다. 다만, 사건을 수행하는 법원마다 참고 자료 제출 방법에 대하여 그 진행을 달리하고 있습니다. 일반적으로는 감정인이 당사자에게 요청하여 감정인이 이메일이나 우편으로 수령하는 방법이 있습니다.

다만, 특정 재판부에서는 사건의 공정의 진행을 위하여 위와 같은 참고 자료를 법원에게 제출해 줄 것을 요청하고, 법원에서 제출된 자료를 각 당사자들에게 모두 송달하는 방법으로 참고자료 제출을 진행하는 경우도 있습니다. 재판부의 소송 절차 지휘에 따라 업무를 수행하면 됩니다.

이후 **현장감정**을 진행하여 감정인이 사건의 누수원인을 자식의 경험과 학식에 비추어 판단하고 **감정보고서**를 작성하여 법원에 제출하게 됩니다.

감정보고서는 대개 현장감정이 끝난 시점으로부터 1에서 2개월 정도의 시간이 소요됩니다. 감정보고서에는 감정 절차 진행에 대한 개요, 누수원인에 대한 감정인의 판단과 그 이유, 피해에 대한 보수비용 등에 대한 감정인의 의견이 담겨 있습니다.

감정보고서는 감정인이 법원으로 제출하게 되고 감정보고서가 제출되면 법원에서 각 당사자에게 이를 송달하게 됩니다. 감정보고서가 제출되면 법원에서는 이후 남은 재판 절차를 진행하기 위하여 재판기일을 지정하게 됩니다.

판결

위와 같이 변론기일이 지정되고 당사자의 주장과 입증 방법이 모두 정리가 되면, 최종적으로 판결을 선고하게 됩니다. 보통 마지막 재판일에 판결이 선고된다고 오해하는 경우가 있습니다. 그러나, 판결선고일은 당사자의 주장이 모두 마친 이후 **변론종결** 이후 판결선고 일자를 따로 잡습니다. 마지막 변론일로부터 보통 3-4주 뒤에 판결선고일을 지정하게 됩니다.

소송비용 확정

 판결이 선고되었다고 하여 누수소송이 다 끝나는 것은 아닙니다.

 소송을 진행하기 위해서 들어간 소송비용을 얼마인지를 정리하고, 상대방이 구체적으로 얼마를 부담해야 하는지 확정하기 위하여 **소송비용 확정**이 필요합니다. 누수사건에서 소송비용은 일반적으로 다음과 같은 금액을 의미합니다.

1) 변호사보수
2) 인지대 및 송달료
3) 감정비용

 변호사보수는 소송대리인을 선임하면서 지출한 비용을 의미합니다. 민사소송에서 패소자가 변호사 비용을 부담한다는 원칙에 대해서는 잘 알고 계시는데요. 그런데 어느 경우에서든 항상 패소자가 모든 변호사 비용을 부담하는 것은 아닙니다. 변호사보수와 관련해서는 **변호사보수의소송비용산입에관한규칙**에 따라서 상대방에게 변호사보수를 청구할 수 있는데요.

다음과 같은 규칙에 따라 변호사보수를 청구할 수 있습니다.

■ 변호사보수의 소송비용 산입에 관한 규칙 [별표] <개정 2020. 12. 28.>

소송목적 또는 피보전권리의 값	소송비용에 산입되는 비율 또는 산입액
300만원까지 부분	30만원
300만원을 초과하여 2,000만원까지 부분 [30만원 + (소송목적의 값 - 300만원) x $\frac{10}{100}$]	10%
2,000만원을 초과하여 5,000만원까지 부분 [200만원 + (소송목적의 값 - 2,000만원) x $\frac{8}{100}$]	8%
5,000만원을 초과하여 1억원까지 부분 [440만원 + (소송목적의 값 - 5,000만원) x $\frac{6}{100}$]	6%
1억원을 초과하여 1억5천만원까지 부분 [740만원 + (소송목적의 값 - 1억원) x $\frac{4}{100}$]	4%
1억5천만원을 초과하여 2억원까지 부분 [940만원 + (소송목적의 값 - 1억5천만원) x $\frac{2}{100}$]	2%
2억원을 초과하여 5억원까지 부분 [1,040만원 + (소송목적의 값 - 2억원) x $\frac{1}{100}$]	1%
5억원을 초과하는 부분 [1,340만원+ (소송목적의 값 - 5억원) x $\frac{0.5}{100}$]	0.5%

다소 복잡할 수 있지만, 보통 아파트와 같은 생활공간에서 발생하는 누수사건의 경우 소가가 3,000만 원 이하의 소액사건들이 많으므로, 대략적으로 판결금액의 10% 정도를 변호사보수로서 상대방에게 돌려받을 수 있다고 생각하면 됩니다.

인지대 및 송달료 인지대는 법원을 이용하는 수수료로 소송 목적의 값에 따라서 최초 소장을 접수할 때 우리가 법원에 납부한 금액입니다. 송달료는 우편비인데요. 소장이나 준비서면과 같은 법원에 접수된 자료들을 상대방에게 송달하는 데 소요되는 비용입니다. 송달료는 처음 5만 원 또는 10만 원 정도를 예납한 이후 소진되면 그때마다 다시 추납하게 됩니다.

감정료는 감정 절차를 진행하면서 법원에 예납한 감정료를 말합니다.

판결문에서는 소송비용에 대해서 구체적으로 피고가 원고에게 얼마를 지급하라는 기재가 되지 않고, "소송비용은 피고의 부담으로 한다"라고, 기재하거나 "소송비용은 피고가 90%, 나머지는 원고가 부담한다"와 같이 기재됩니다.

그렇기 때문에 위 소송비용들 즉, **변호사보수, 인지대 및 송달료, 감정료** 등 소송비용을 모두 합한 금액을 판결문에 기재되어 있는 부담비율에 따라 계산하여 볼 때 구체적으로 피고가 얼마를 부담해야 하는지 계산하는 절차가 바로 **소송비용확정**입니다.

강제집행

판결이 선고된 이후 당사자들에게 판결문이 송달되게 됩니다. 이 판결문을 송달받은 날부터 2주 동안 항소기간이 부여가 됩니다. 만약 양 당사자가 모두 불복하지 않으면 판결은 확정이 됩니다.

만약 상대방이 판결문에 기재되어 있는 금액을 지급하지 않거나 누수방지이행공사를 이행하지 않을 경우 이에 대하여 강제집행을 실시하여야 합니다.

돈을 집행하기 위해서는 일반적으로 상대방 소유 부동산에 대하여 **강제경매**를 신청하거나, 상대방의 예금채권에 대하여 **압류** 등의 방법으로 강제집행을 실시하게 됩니다.

누수방지공사 이행명령과 관련하여서는 **간접강제** 또는 **대체집행** 등의 방법을 실시하게 됩니다

간접강제는 일정 시일까지 상대방이 누수방지공사를 이행하지 않을 경우 이행강제금을 부과하는 방법으로 간접적으로 상대방의 행동을 강제하는 것을 의미합니다.

대체집행은 법원의 집행관을 통하여 상대방 소유 부동산에 출입하여 누수방지공사를 실시하고, 공사비용을 상대방에게 청구하는 절차

를 의미합니다.

이에 대하여는 추후 강제집행 편에서 자세히 설명하도록 하겠습니다.

전자소송 사이트의 활용

 소송을 제기하는 데 앞서 전자소송 사이트를 활용할지 종이소송을 할지 고민해 볼 수 있습니다.
 현재는 대부분 **대한민국 법원 전자소송** 사이트를 통하여 민사소송을 진행하고 있습니다.
 전자소송은 대한민국 법원이 운영하는 전자소송 시스템을 활용하여 소를 제기하고 소송 절차를 진행하는 재판 방식을 의미합니다.

ecfs.scourt.go.kr
 위 링크 주소를 통하여 접속하여 대한민국 국민 누구라도 이용할 수 있습니다. 전자소송사이트를 통하여 소송 절차를 수행하면 다음과 같은 이점이 존재합니다.

1) 전자소송을 통하여 소장을 접수할 경우 인지대가 일반 종이소송보다 저렴합니다.
2) 대부분의 서류들을 전자소송 사이트에서 직접 작성하고 곧바로 접수할 수 있어, 불필요하게 법원을 방문하여 서류를 접수하는 번

거로움을 없앨 수 있습니다.
3) 원고와 피고 모두 전자소송을 이용하게 되면, 신속하게 서류를 송달할 수 있습니다.
4) 각종 신청서와 서면 양식들을 제공하고 있어 사용상의 편리함이 있습니다.

이러한 이점들이 있기 때문에 대부분의 변호사들 역시 민사소송은 대체로 **전자소송**으로 진행하는 것이 일반적인 추세입니다.

전자소송과 관련해서 간혹 상담 때 의뢰인분들께 받는 질문들이 있어 이에 대해서 정리해 보도록 하겠습니다.

<u>전자소송을 하면 재판 절차가 없는 거 아닌가요?</u>

전자소송을 진행할 경우 법원에 출석하여 진행하는 재판 절차가 없는 것 아니냐고 오해하고 계시는 경우가 있습니다. 때문에 법원에 출석을 안하고 서류로만 공방을 진행하게 되므로 판사가 제대로 된 심리를 못 하는 것 아닌지 불안해하시는 경우가 있는데요

그렇지 않습니다. 전자소송 사이트를 통하여 소장의 접수 및 문서의 수발신을 간편하게 처리하는 것이지 일반 소송과 다를 것이 없습니다. 전자소송으로 진행한다 하여도 일반 소송과 같이 재판 일정이 지정되고 재판날에 당사자들이 모두 모여 변론을 하게 됩니다. 재판부 앞에서 억울함에 대해서 충분히 주장할 수 있으며, 일반사건과 동일한 재판

절차를 통하여 심리가 진행되게 됩니다.

<u>상대방이 전자소송이라고 가볍게 생각하지 않을까요?</u>

　전자소송을 통하여 소장을 접수한 경우 내용증명처럼 상대방이 받고 무시하는 것이 아닌지 걱정하시는 경우도 있는 것 같습니다.

　전자소송을 통하여 소장을 접수하게 되면, 법원에 직접 방문하여 소장을 접수한 것과 동일한 절차를 통하여 진행되게 됩니다. 전자소송을 통하여 접수된 소장 역시 재판부 배당을 받게 되고, 재판부에서는 소장을 상대방에게 송달하게 됩니다.

　상대방은 전자소송을 제기된 소장이라 하더라도 일반 소송과 마찬가지로 소장을 송달받은 날로부터 30일 이내에 답변서를 제출해야 하며, 답변서 제출 기한이 도과하게 될 경우 일반 소송과 마찬가지로 불이익을 받을 수 있습니다.

소액사건에 대한 오해

누수사건은 대체로 소액사건에 해당하게 됩니다. 소액사건이라 함은 소가 **3,000만 원 이하**의 사건들을 말하는데요. 소가라는 것은 소송목적의 값이라고 이해하면 되는데, 누수사건과 같이 금전배상을 청구하는 사건에서는 대체로 청구하는 돈이 얼마인지가 소가가 된다고 이해할 수 있습니다.

아파트 빌라 등과 같은 주거공간에서 발생하는 누수사건의 경우, 물론 사건들마다 당연히 금액의 차이가 존재하겠지만 대체로 3,000만 원 이하의 손해배상을 청구하는 사건으로 소액사건에 해당될 가능성이 매우 높습니다.

그런데, 누수사건과 관련해서 상담을 하다 보면 소액사건에 대해서 오해를 하고 있는 부분들이 있어, 간단히 설명을 드리고자 합니다.

소액사건은 변론 절차가 없다고 하는데?
앞서 전자소송의 활용에서도 언급한 것과 비슷한 오해입니다. 소액사건의 경우에는 변론 절차가 없이 그저 서류 심사만으로 소송 절차가 진행된다고 생각하는 것인데요. 그렇지 않습니다.

아마도 이 부분은 **지급명령신청**과 혼동하면서 발생한 오해라고 생각됩니다. 지급명령신청은 실제 법원에서 진행하는 심리 절차 없이, 서류 심사만으로 일응 주장이 이유 있다고 판단되면 법원의 결정이 나오게 되는데요. 소액사건 심판은 지급명령과 달리 일반적인 소송 절차와 크게 다를 바가 없으므로, 당연하게도 변론 절차가 지정이 되고 실제 법원에 출석하여 재판 절차도 진행이 되게 됩니다.

소액사건은 판사가 대충 금액을 인정하는 것 아닌가요?

소액사건의 경우 제대로 된 심리를 하지 않거나 판사가 금액을 보고 대충 몇 퍼센트 지급하라는 비율로 판결을 쓴다는 오해가 있습니다.

당연하게도 그렇지 않습니다. 물론 실제로 소액사건의 변론기일에 참석하게 되면 판사가 진행하는 소액사건의 양이 상당하다는 것을 알 수 있습니다. 그러나, 그렇다고 판사가 대충 심리를 진행하거나 원고가 청구하는 금액의 퍼센트를 정하여 얼마를 지급하라는 식의 판결을 하지는 않습니다.

원고의 손해에 대해서 감정과 증거 내용들을 모두 고려해서 정확한 손해배상금액을 산출하고 있습니다.

누수사건은 모두 소액사건이다?

누수사건에 대체로 소액사건에 해당하는 경우가 많기는 하나, 누수사건이 항상 모두 소액사건에 해당하는 것은 아닙니다. 누수피해가 상당하기 때문에 손해배상금액이 높은 사건들도 존재하기도 합니다.

한편, 누수방지공사 이행명령을 청구하는 사건들의 경우에는 사건의 성질상 소액사건이 아니라 단독재판부 관할에 해당하게 됩니다. 따라서 이런 경우에는 민사 단독 사건 재판부로 배당이 되고 변론 절차가 진행되게 됩니다.

처음에는 손해배상금액에 청구하였다가 추후 누수방지공사 이행명령을 추가하여 청구취지를 변경하였다면, 그때에 민사 단독재판부로 사건이 재배당이 됩니다. 재배당이 되면서 다시 새로운 재판부가 변론 절차를 진행하기까지 시간이 다소 소요됩니다.

<u>소액사건의 경우 판결문의 이유를 기재하지 않는다?</u>

소액사건의 경우 소액사건 심판법에 따라 판결문의 이유를 기재하지 않을 수 있습니다. 우리가 소를 제기하였다가 승소를 하였다면 사실 이유가 기재되어 있지 않다 하더라도 그 이유가 특별히 궁금하지는 않습니다. 어쨌든 승소를 하였기 때문인데요.

그런데 만약 소를 제기하였다가 패소 판결을 받았다고 한다면, 이제 항소를 준비하면서 가장 궁금한 것은 왜 패소를 하였을까?입니다. 그런데 소액사건의 경우 판결문의 그 이유를 기재하지 않을 수 있어서 당사자로서는 다소 답답한 것이 사실입니다.

결국 이런 경우 항소심을 준비하면서부터는 적어도 전문 변호사와 함께 원고의 주장 사항, 그리고 피고의 항변이 무엇인지, 1심을 진행하면서 어떠한 증거 방법을 제시하였고 입증 활동을 어떻게 하였는지에 대하여 면밀히 검토하여, 항소심을 전략적으로 준비해야 할 것입니다.

5

손해배상의 범위

누수피해가 발생하게 되면 다양한 손해들이 발생하게 되는데요. 사건들마다 개별 상황이 존재하므로 모든 사건들에 있어서 손해가 동일하다고 볼 수는 없습니다. 그럼에도 불구하고 그동안 우리 판례에서 인정한 누수로 인한 손해 항목들을 살펴보면 대체로 다음과 같은 손해들에 대해서는 인정하고 있다고 이해할 수 있습니다.

1) 인테리어 보수비용
2) 이사 및 짐 보관비용
3) 숙박비용
4) 위자료 및 기타비용

위와 같은 비용들은 누수사건이 발생하게 되면 대체로 또는 보편적으로 이러한 손해는 발생할 수 있겠다는 생각을 할 수 있는데요. 이러한 손해는 **통상손해**라는 개념으로 이해될 수 있습니다.

우리 민법 제393조를 살펴보면,

① 채무불이행으로 인한 손해배상은 통상의 손해를 그 한도로 한다.
② 특별한 사정으로 인한 손해는 채무자가 그 사정을 알았거나 알 수 있었을 때에 한하여 배상의 책임이 있다.

라고 규정되어 있습니다. 누수사건의 경우 그 법적 성질을 일반적으로 불법행위로 이해하고 있는데요. 불법행위에 의한 손해의 범위 역시도 위 민법 제393조를 준용하고 있으므로, 같은 개념으로 이해할 수 있습니다.

따라서, 누수가 발생하게 되면 물이 떨어져서 인테리어가 훼손되고, 경우에 따라서 가구나 가전과 같은 집기들에 피해가 발생하고, 인테리어를 보수하기 위해서는 짐이 반출되고 보수기간 동안 보관하고, 그리고 별도의 숙박비용이 발생할 수 있다는 점은 **통상손해**에 해당하므로 누수 발생과 이러한 피해가 발생하였음을 주장 입증하는 것으로 충분합니다.

반면, 어떤 사건의 특별한 상황이 존재하여 발생하는 **특별손해**도 존재하는데요. 특별손해와 관련해서 위 조문 규정의 내용을 살펴보면, 상대방이 그 사정을 알았거나 알 수 있었을 때에 한하여 배상할 책임이 있다고 규정하고 있습니다.

이처럼 특별손해는 통상손해와 달리 이를 인정받기 위해서는 상대방이 알거나 알 수 있었을 때라는 추가적인 요건을 요구하고 있습니다. 누수사건과 관련된 대표적인 특별손해로는 다음의 예를 생각해 볼 수 있습니다.

 1) 누수로 인하여 신체 상해가 발생하였을 때
 2) 세입자가 퇴거하여 전세자금 반환 대출 등 금융 이자 상당의 손해가 발생한 경우

 간혹 제가 상담한 사건 중에 천장에서 떨어진 물을 밟아서 상해를 입은 경우가 있는데요. 이는 특별손해에 해당한다고 볼 수 있습니다. 누수로 물이 떨어져 인테리어가 훼손되는 것은 누구라도 예상할 수 있지만, 더 나아가 누수된 물을 밟고 넘어져서 다치는 일은 쉽게 예상하기는 어려운 일이라 할 것입니다. 따라서 이러한 손해를 대체로 특별손해로 이해가 될 수 있습니다.
 누수피해가 발생한 아파트나 주택에 임차인이 거주하는 경우들이 있습니다. 누수로 인하여 임차목적물이 피해를 입게 되면 당장 그곳에서 살고 있는 임차인이 가장 큰 피해를 부담할 수밖에 없는데요. 임차인이 더 이상 해당 임차목적물에서 거주하기 어렵다면서 퇴거할 테니 보증금을 반환해 달라는 요청을 하게 됩니다.
 임대인의 입장에서는 누수된 집에 새로운 임차인을 구하기는 어렵고, 그런 경우 임차인의 요구를 받아들여 보증금을 반환하게 되는데요. 현금을 보유하고 있다면 좋겠지만, 갑자기 목돈을 구하기가 어렵기에 대출을 받아 보증금을 지급하게 됩니다. 그렇다면 임대인 입장에

서는 금융이자 상당의 손해가 계속 지출될 수밖에 없는데요. 나중에 세입자를 구한다 하더라도 조기 대출금을 상환하게 될 경우 중도상환 수수료도 부담해야 되는 손해가 발생하게 됩니다.

이러한 손해 역시도 당사자 입장에서는 너무나 억울할 수밖에 없는데요. 그러나 이 역시도 **특별손해** 개념에 해당된다고 보아야 합니다. 누수사건이 발생하면 모든 사건 현장에서 이러한 손해가 발생하는 것은 아니고 하필이면 임차인이 거주하고 있는 부동산에서 누수피해가 발생하여 생기는 손해이기 때문인데요.

이러한 이유로 누수소송 전 분쟁 해결 방안에서 내용증명에 이러한 내용을 포함하여 발송하시기를 추천드렸습니다.

판례의 태도 (1)

원고는, 이 사건 누수사고로 전 임차인이 임대차계약을 해지하고 2016. 6. 10. 이사를 하였는바, ① 전 임차인의 이사일 다음 날인 2016. 6. 11.부터 새로운 임차인의 입주일인 2016. 6. 23.까지 13일간 구 주택임대차보호법(2016. 5. 29. 법률 제14175호로 개정되기 전의 것) 제7조의2 제2호1), 구 주택임대차보호법 시행령(2016. 11. 29. 대통령령 제27614호로 개정되기 전의 것) 제9조 제2항)에 규정된 보증금의 월 차임 전환 시 산정률로 계산한 차임 541,666원(= 300,000,000원 × 한국은행 기준금리 연1.25% × 4배 × 1개월/12개월 × 13일/30일)을 수령하지 못한 손해를 입었고, ② 일반적으로 새 임차인으로부터 임차보증금을 지급받아 전 임차인에게 반환하고, 임대차 존속기간 만료 이외의 사유로 임차인이 퇴거하는 경우 임대인이 이사비용을 지급하는 것이 관례인바, 원고가 이 사건 누수사고로 퇴거하는 전 임차인과 합의하여 이사비용 대신 퇴거 당일 새 임차인으로부터 임차보증금을 반환받지 못한 상태에서 임차보증금 3억 원을 반환하였으므로, 전 임차인의 이사일 다음 날인 2016. 6. 11.부터 새로운 임차인의 입주일인 2016. 6. 23.까지 13일간 3억 원에 대한 연 5%의 이자 상당 534,246원(= 300,000,000원 × 5% × 13일/365일)의 손해를 입었고, ③ 새 임차인과 임대차계약을 체결하면서 1,672,000원의 부동산중개수수료를 지급하는 손해를 입었으므로 피고는 이들 손해를 배상할 의무가 있다고 주장한다.

그러므로 이 사건 누수사고로 전 임차인이 원고와의 임대차계약을 해지하였는지에 관하여 살피건대, 앞서 본 증거들에 변론 전체의 취지를 종합하여 인정되는 다음과 같은 사정들, 즉 ① 원고 아파트의 바닥 배관 또한 누수로 인한 보수 공사가 필요하여 임차인의 생활에 불편이 예상되었던 점, ② 원고는 새 임차인과 임차보증금을 3억 8,000만 원 한 임대차계약을 체결하였는바, 원고가 전 임차인에게도 8,000만 원 안팎의 보증금 증액을 요구하였을 것으로 보이는 점, ③ 피고는 2016. 4. 중순경 전 임차인이 위와 같은 이유로 이미 이사할 뜻을 밝혔다고 주장하고 있는 점, ④ 원고는 전 임차인이 갱신된 임대차계약의 만료일인 2016. 5. 9. 이후 이 사건 누수사고를 이유로 임대차계약을 해지하였다고 주장하나, 그 이전인 2016. 5. 2. 이미 원고와 새로운 임차인 사이에 임대차계약이 체결된 점, ⑤ 원고는 이 사건 누수사고로 전 임차인이 임대차계약을 해지하였음을 입증할 직접적인 증거를 전혀 제출하지 못하고 있는 점 등에 비추어 보면, 원고가 드는 사정만으로 이 사건 누수사고로 인하여 전 임차인이 원고와의 임대차계약을 해지하였다고 인정하기 부족하고, 달리 이를 인정할 증거가 없으므로, 이와 다른 전제에 선 원고의 이 부분 주장은 더 나아가 살필 필요 없이 이유 없다. (서울중앙지방법원 2017. 8. 18. 선고 2016나84193 판결 참조)

판례의 태도 (2)

앞서 본 증거와 갑 51호증의 기재 및 변론 전체의 취지에 의하면, 원고 주택의 임차인은 임대차보증금 20,000,000원, 월 차임 300,000원, 임대차기간 2018. 12. 1.부터 2020. 11. 30.로 정하여 임대차계약을 체결하고 거주하다가 묵시적 갱신으로 2022. 11. 30.까지로 임대차기간이 연장되었는데, 피고 주택의 누수로 원고 주택의 전기가 차단되는 등의 이유로 임차인이 더 이상 원고 주택에서 거주할 수 없어 2021. 6. 29. 퇴거하였고, 한편 2021. 7.경부터 2022. 1.경까지 원고 주택의 미납된 관리비가 652,750원인 사실이 인정되는바, 임차인의 조기 퇴거로 원고가 지급받지 못한 2021. 7.경부터 2022. 3.까지 9개월의 차임 상당액인 2,700,000원과 2021. 7.경부터 2022. 1.까지 미납된 관리비 652,750원을 손해로 인정한다. (춘천지방법원 강릉지원 2022. 6. 22. 선고 2021가단33691 판결)

위와 같이 우리 판례 역시도 **통상손해**와 **특별손해**에 대하여 일률적으로 판단하고 있지는 않습니다. 사건마다 손해가 발생하게 된 이유와 그 형태가 다르기에, 위와 같은 개념들에 비추어 해당 손해가 통상손해에 해당하는지 특별손해에 해당하는지 그때마다 검토가 필요합니다. 나아가 특별손해에 해당한다 하더라도 추가적인 요건 입증을 통하여 손해를 인정받을 가능성이 존재하므로 전문가와 함께 충분한 검토를 통하여 주장 여부에 대하여 고민해 볼 필요가 있습니다.

인테리어 보수비용

누수피해가 발생할 경우 손해배상의 범주에서 가장 큰 부분을 차지하는 것이 인테리어 보수비용이 될 것입니다.

누수로 인하여 훼손된 인테리어를 다시 수리를 해야 하므로, 수리에 소요되는 비용을 말하게 되는데요. 아무래도 가장 큰 비용을 차지하다 보니 인테리어 보수비용 산정과 관련하여 당사자들 사이에서도 다툼이 클 수밖에 없습니다.

우리 법원에서 인테리어 보수비용에 대하여 어떻게 개념을 이해하고 있는지 소개해 보도록 하겠습니다.

판례의 태도

재물의 손괴로 인한 손해는 그것이 수리가 가능하면 수리비 상당액, 수리가 불가능하면 그로 인한 가치감소액이고 그 손해는 손괴와 동시에 발생한 것이므로 수리가 가능한 경우 그 수리가 끝난 후에만 손해배상청구를 할 수 있는 것이 아니고 수리 전이라도 예상수리비에 관한 객관적이고 합리적인 평가가 있으면 그 평가액을 수리비로 청구할 수 있다. (대법원 1989. 6. 27. 선고 87다카1966,1967 판결)

과거 오래전 이미 법원에서 확립된 판례로, 재물의 손괴에 대하여 수리가 가능하면 수리비 상당액을 손해배상금액으로 청구할 수 있다는 것인데요, 나아가서 예상수리비에 대하여 객관적이고 합리적인 평가가 있다면 수리 전이라도 수리비를 청구할 수 있다는 취지를 담고 있습니다.

굳이 해당 판례가 아니더라도, 앞서 설명드린 바와 같이, 누수피해가 발생하게 되면 당연하게 인테리어가 훼손될 것은 누구나 예상할 수 있는 것으로 **통상손해**로서 특별한 주장 없이도 응당 인정받을 수 있는 손해로 이해할 수 있습니다.

인테리어 비용 산정 기준

누수피해가 발생하여 업체를 통하여 인테리어 견적서를 받게 되면 업체마다 그 비용이 천차만별입니다. 때문에 누수원인을 제공한 측에서 업체를 선정하여 작성된 견적서와 누수피해자 측에서 업체를 선정하여 작성한 견적서 차이가 너무나도 많이 나게 되고 그로 인하여 누수원인에 대해서 다툼은 없지만 견적서 금액 차이가 너무나 커 소송으로 이어지는 경우도 존재합니다.

인테리어 업체들 간 견적서 금액이 차이가 많이 나는 이유는 대체로 다음과 같습니다.

1) 시공 범위의 차이

2) 시공 방법 및 사용 자재 차이

3) 노무비 및 시공 기간의 차이

4) 기업 이윤

먼저, 시공 범위의 차이가 인테리어 보수 공사 비용의 차이를 만드는 가장 큰 이유 중에 하나입니다. 예를 들어 천장에서 누수피해가 발생하였는데 그로 인한 누수피해 범위가 2제곱미터인데, A 업체는 누수피해 범위가 손해가 있는 천장면을 모두 시공 범위로 잡아 견적서상에는 10제곱미터를 기준으로 비용을 산출한 경우, 손해 범위만을 기준으로 견적을 산출한 업체와 차이가 존재할 수밖에 없습니다.

나아가, 시공 방법에 대하여 업체가 다른 차이가 존재하는 경우, 그리고 사용되는 건축 자재들을 어떤 것을 사용할지에 따라 비용 차이가 많이 발생할 수밖에 없습니다. 아무래도 모두 품질 좋은 자재들을 활용하게 되면 자재 단가에서부터 차이가 발생하므로 총 금액에서도 차이가 존재하게 됩니다.

이러한 시공 방법과 사용 자재들은 다시 노무비에도 영향을 미치게 됩니다. 시공 방법이 복잡하거나 정교한 기술을 요하는 경우 보통 인부가 아는 특급기술자들을 활용하게 되는데, 그로 인한 노무비의 차이가 발생하게 되며, 시공 기간 역시도 늘어나게 됩니다. 공정이 늘어나게 되면 그만큼 인부가 일하는 시간이 늘어나게 되므로 노무비 역시도 당연히 증가하게 됩니다.

마지막으로는 업체들 간 기업 이윤에서의 차이가 존재하게 됩니다. 이름만 들어도 알 수 있는 특정 브랜드 업체의 경우 견적상 상당한 기업 이윤이 포함되어 있으므로, 일반적인 업체와 같은 기준으로 공사를 진행한다 하여도 견적상 차이가 발생할 수밖에 없습니다.

표준품셈의 활용

이렇게 견적을 작성하는 업체마다 비용의 차이가 많이 발생하게 되므로, 법원에서는 결국 공사비 산정에 있어서는 **표준품셈**을 활용하여 공사비를 산정하도록 감정인에게 요청하고, 감정인 역시도 우선적으로 활용하여 공사비를 산정하게 됩니다. 우리 법원에서는 표준품셈에 따라 산정한 공사비를 위 판례 표현상 객관적이고 합리적인 평가에 해당한다고 보고 있는 것입니다.

표준품셈은 건설공사 중 대표적인 공종과 공법을 기준으로 공사에 소요되는 자재 및 공량을 규정한 기준입니다. 다시 말하면, 어떤 특정 공사를 하는 데 있어서 어떤 시공 방법들이 필요하고 그러한 시공을 하는 데 있어서 필요한 일손과 자재들에 대하여 수량적으로 정리해 놓은 것을 말하는데요. 이렇듯 표준품셈은 수량적으로 산출하기 때문에 실제 인테리어 보수비용과는 차이가 발생할 수밖에 없습니다.

예를 들어, 앞서 예시로 천장에서 2제곱미터 범위의 누수피해가 발생한 경우라면, 2제곱미터의 도배 공사를 진행하는 데 있어서 수량적으로 몇 명의 인부가 필요하고, 수량적으로 어떠한 자재가 필요한지를 정하게 됩니다. 수량적으로 산출하다 보니 2제곱미터를 도배하는 데 있어서 필요한 인부는 0.5명이라는 산출이 가능하게 됩니다.

이렇게 수량적으로 산출된 수치에 평균 노무비 및 건설협회 물가표 정보에 따라 자재비를 적용하여 인테리어 보수비용을 산출하게 됩니다. 물론 이외에도 간접경비 등 표준품셈을 산출하기 위하여 다른 여러 항목들도 고려하여 계산이 이루어시세 됩니다.

그러나, 인테리어 공사를 진행하게 되면 아무리 작은 부분의 도배공사를 진행한다 하더라도 1명의 인부는 최소한 필요하고 그 인부에 대한 일당은 시간과 상관없이 지급이 되어야 합니다. 이런 차이로 인하여 표준품셈과 인테리어 업체들 간의 견적서 상의 차이가 발생하게 됩니다.

손해배상와 원상회복의 차이

누수피해가 발생하게 되면 가해 측에 대해서 원상회복을 요구하는 경우가 많습니다. 당연하게도 피해자 입장에서는 거두절미하고 더 바라는 것도 아니고 누수피해 발생 이전과 동일한 인테리어 컨디션으로 회복시켜 달라고 주장하게 되는데요.

그러나, 누수소송에서 엄밀히 말하면 우리가 청구하는 것은 원상회복이 아니고 **손해배상**의 개념으로 이해해야 합니다. 누수로 인하여 피해가 발생한 인테리어 자재들은 대부분 재 사용이 불가능합니다. 이를 폐기하고 새로운 자재들을 활용하여 다시 인테리어를 하게 되는 것인데요. 때문에 개념상 원상회복이 될 수 없으며, 우리는 피해받은 부분을 보수하는 비용을 **손해배상** 개념으로 청구하는 것입니다.

이렇게 **손해배상**의 개념으로 이해하게 되면, 그에 따라서 다음과 같은 내용들이 정리될 수 있습니다.

1) 금전배상 청구
2) 손해범위의 제한

먼저, **손해배상**이므로, 우리 민법상의 원칙에 따라 금전배상을 청구하게 됩니다. 따라서 소장의 청구취지는 피고는 원고에게 금 1,000만 원을 지급하라는 식과 같이 돈을 지급해 줄 것을 요청하게 됩니다. 결국 누수 피해자는 소송을 통하여 상대방으로부터 보수비용을 지급받고 그 돈을 이용해서 원하는 업체를 선정하여 공사를 진행하게 됩니다. 간혹, 피고는 원고세대 인테리어를 누수발생 이전과 동일하게 원상회복하라는 청구취지를 보게 되는데요. 이러한 청구취지는 원칙적으로 인정되기 어렵습니다.

또 하나 중요한 것으로 **손해범위의 제한**이 존재한다는 것입니다. 이를 다시 바꾸어 말하면 손해배상금액을 산정하는 데 있어서 **미관상의 이유**를 잘 고려하지 않는다는 것입니다.

앞서 설명드렸던 예시처럼 천장에 2제곱미터의 누수피해가 발생한 경우, 일반적인 인테리어 업체는 미관상의 이유로 해당 피해 부분이 포함된 천장 전체면에 대하여 보수 공사비용을 산정하게 됩니다. 그러나, 손해배상의 개념상에서는 특별히 **미관상의 이유**를 고려하지 않으므로 천장 전체면에 대하여 보수비용이 산정되지 않을 수 있는 것입니다.

다만, 그렇다면 꼭 손해 범위가 항상 2제곱미터에 국한된다는 의미는 아닙니다.

판례의 태도

피고 아파트의 난방관에서 발생한 누수로 인하여 원고 아파트의 천장 등이 손상되는 피해가 발생하였음은 앞서 본 바와 같다. 나아가 갑 제3호증의 각 영상, 이 사건 감정 결과에 변론 전체의 취지를 종합하면, 이 사건 하자는 청소를 통하여 오염 물질을 제거하는 방법으로 보수할 수 있는 하자가 아니고, 위 누수로 인하여 원고 아파트 천장 등에 누수 흔적 발생 부분이 산발적으로 분산되어 있으므로, 위 피해를 보수하기 위해서는 거실 천장지를 전체적으로 교체하는 **전체보수**가 필요한 것으로 보이는바(의정부지방법원 2022나220824 판결 참조), 위 판례와 같이 기본적으로는 손해 범위에 맞추어 보수 공사비용을 산정하는 것이 원칙이기는 하나, 예외적으로 전반적인 상황에 비추어 **전체보수**가 필요한 경우에는 이를 법원에서도 인정한다는 것으로 이해할 수 있습니다.

감가상각

인테리어 보수비용과 관련해서 고민해야 될 부분 중에 하나는 감가상각비입니다.

감가상각은 시간의 흐름에 따라 자연스럽게 발생하는 가치감소분을 의미한다고 볼 수 있습니다. 예를 들어 인테리어도 시간이 지남에 따라 자연스러운 노후화가 진행될 수밖에 없는데요. 이런 상황에서 누수가 발생하였고 이를 수리하게 되면 어찌 보면 노후화된 인테리어가 다시 새로운 인테리어로 바뀌게 되므로 이를 손해배상에 고려해야 한다는 주장입니다. 이 감가상각을 손해배상에 적용할지에 대하여 우리 법원의 태도는 일관되지는 않는 것 같습니다.

판례의 태도 (1)

불법 행위로 인하여 소유물이 훼손되었을 때 수리가 불가능하다면 훼손 당시의 교환가치(시가)가 통상의 손해이고, 훼손된 소유물이 이미 내용연수가 상당히 경과된 낡은 것임에도 그와 같은 내용연수가 경과된 중고자재를 구입할 수 없어 신품자재로써 원상회복시키는 데 소요되는 복구비를 토대로 교환가치를 산정할 때에는 물건의 내용연수에 따라 신품을 재조달하기 위하여 적립하는 비용인 감가상각비용을 공제하여야 하며(대법원 2009. 6. 25. 선고 2009다24415 판결 등 참조)

판례의 태도 (2)

　피고는, 원고 아파트는 2013년 5월에 사용승인이 이루어진 건물이므로, 보수비용 산정에 있어서도 위와 같은 내구연한 경과에 따른 감가상각이 반영되어야 한다고 주장한다.

　그러나, 이 사건 손상에 대한 보수 이후에도 남게 되는 원고 아파트의 시가 하락분 상당액의 손해에 관하여는 별론으로 하고, 이 사건 손상을 보수하기 위한 비용은 그 전액이 원고 아파트의 내구연한과는 무관하게 이 사건 누수로 원고에게 발생한 피해를 전보하기 위하여 필요한 비용으로(아파트의 내구연한이 많이 경과하였다고 하여 아파트에 발생한 손상을 보수하는 비용이 줄어들지 않는다), 피고의 위 자장을 받아들이지 않는다. (의정부지방법원 고양지원 2023가단81387 판결 참조)

　위와 같이 감가상각 적용과 관련하여 법원에 태도가 일관되는 않는데, 누수전문 변호사로서 많은 사건을 수행하면서도 재판부의 태도가 사건별로 상이한 점을 다시 한번 확인할 수 있었다.

　생각건대, 감각상각을 인정하는 이유가 노후화로 인하여 가치하락 된 부분을 수리하여 다시 가치가 회복이 된 경우 이를 손해배상에 고려하는 것이 공평의 견지에 타당하는 뜻으로 이해가 된다.

　1) 그러나, 누수사건의 경우 인테리어가 다소 노후화되었다 하더라도, 위 판례처럼 이를 수리하는 데 있어서 노후화에 따른 보수비

용의 차등이 존재하는 것이 아니고,
2) 인테리어를 다시 보수한다 하여도 그로 인하여 가치가 상승하여 집을 매도하는 데 있어서 이익이 발생하는 것도 아닌 점,
3) 판례가 인테리어 보수 범위에 대하여 다소 소극적으로 평가하고 있어 피해자로서는 판결금액을 수령한다 하여도 실제로 인테리어 비용을 지출할 때는 본인의 비용을 더하여 수리를 하고 있는 현실적인 사정 등

을 감안할 때에는 감가상각을 적용하는 것이 바람직하지 않다고 생각된다.

소송 결과 예측

이처럼 인테리어 보수비용이 누수사건의 손해에서 가장 큰 항목을 차지하고 있기에, 인테리어 보수비용에 대해 예측을 한다면 소송 결과를 어느 정도까지 예측해 볼 수 있을 것입니다. 그러나, 위 내용처럼 여러 요소들을 고려해야 하므로 인테리어 보수비용을 예측한다는 것이 상당한 어려움이 존재하는데요.

법률사무소 혜윰의 방대한 누수소송 데이터를 바탕으로 소송 결과 예측 서비스를 제공하고 있습니다.

소송 결과 예측 서비스란?

소송을 제기하기 전에 마치 법원감정을 통하여 공사비용을 산정하는 것처럼 소송 결과를 미리 예상해 보는 것을 말합니다.

어떻게 예측 서비스가 가능할까요?

소송 결과 예측 서비스는 법률사무소 혜윰만이 가능한, 혜윰만의 독보적인 서비스입니다. 법률사무소 혜윰은 그동안 수백 건의 누수소송을 진행하면서 많은 감정 경험과 결과를 축적하였습니다. 방대한 양의 감정 경험을 통하여 소송 결과 예측 서비스를 제공할 수 있습니다.

감정인의 성향을 분석하였습니다

수백 건의 누수소송을 통하여 감정인들의 업무 성향을 분석하였습니다. 비슷한 유형의 사건들 속에서도 누수피해로 인한 인테리어 보수공사 비용에 대하여 감정인들의 평가가 다른 점을 확인하였습니다.

손해에 대하여 적극적인 평가를 가진 감정인과 보수적인 평가를 가진 감정인들을 성향에 따라 분류하고 이를 기초하여 기준을 만들었습니다.

방대한 데이터를 통하여 가상의 감정인을 만들었습니다

혜윰의 위와 같이 다양한 성향을 가진 감정인들의 판단 성향을 분석하여 방대한 양의 데이터를 정리하였습니다. 감정인의 판단 성향의 편차를 평균하는 방법으로 "통상적인 판단"을 수행하는 표준적인 감정인 모델을 만들어 낼 수 있었습니다.

이를 통하여 누수소송을 제기하여 감정을 진행하여 인테리어 보수 비용을 산정한다고 가정하였을 때, 가상의 감정인이 제시하는 손해배상금액을 미리 확인해 볼 수 있습니다.

<u>실제 감정과 동일한 표준품셈을 반영하였습니다</u>
소송 결과 예측 서비스는 법률사무소 혜윰의 홈페이지 www.hye-yum.com을 통하여 이용할 수 있습니다.

이사 및 짐 보관비용

　인테리어 비용 다음으로 생각해 볼 수 있는 손해 항목은 이사비용과 짐 보관비용이다.

　아파트, 빌라와 같은 주택공간에서는 필연적으로 많은 가전과 가구들을 놓고 생활할 수밖에는 없는 것이 현실이다. 침대와 장롱과 같은 대형 가구들부터, 식탁, 소파와 같은 생활 가구들도 존재하게 된다.

　누수피해가 발생하게 되면 훼손된 인테리어를 수리해야 되는데 그러기 위해서는 경우에 따라서는 이러한 물건들이 생활공간 밖으로 반출된 **필요성**이 존재한다.

　그런데 누수피해가 발생하였다고 해서 항상 이사 및 짐 보관비용이 발생하는 것을 아님을 주의해야 한다. 앞서 말한 **필요성**이 인정되어야 하는데, 법원에서 대체로 다음과 같은 기준으로 이사와 짐 보관비용의 필요성을 판단하는 것으로 보인다.

1) 보수 공사의 범위가 넓어 공사현장 내에서 짐을 일시적으로 이동하여 공사를 진행하기 어려운 경우
2) 공정이 여러 날에 거쳐 진행되어 짐을 일시적으로 이동하는 것이

어려운 경우

이와 관련된 판례를 살펴보면,

판례의 태도

<u>손해배상의 액수</u>

나아가 그 손해배상의 액수에 관하여 살피건대, 이 사건으로 인하여 이 사건 아래층 세대에 발생한 것으로 인정되는 손해액은 아래 항목 기재와 같다.

보수 공사 기간에 대한 부대비용(이사비용, 이사짐 보관비용, 숙박비용 등): 보수에 필요한 상당한 기간이 14일임이 인정되고, 그에 따른 부대비용으로 다음과 같은 금액을 인정함

이사비용 3,400,000원 + 보관료 252,000원(= ₩4일 × 18,000원) + 엘리베이터 사용료 1,920,000원(= 120,000원 × 16일) + 숙박비용 1,439,368원(102,812원 × 14일) = 합계 7,011,368원(인천지방법원 2021가단278930 판례 참조)

위 판례 내용을 살펴보면 이사비용을 340만 원으로 산정하였는데, 구체적인 이사비용 산출 내용을 한 번 더 살펴보면 다음과 같은 내용들을 참고해 볼 수 있습니다.

내용	
사건 개요	약 34평 아파트로 위층 세대 전유부분 하자로 인하여 전체적인 누수피해가 발생한 사건
가족 인원	4인 가족(부모와 자녀2)
1회 이사비용	160만 원
사다리차 이용료	20만 원

위 내용처럼 1회 이사비용은 포장이사를 기준으로 160만 원의 견적을 받았으며, 공사가 시작되기 전 짐이 밖으로 반출되면서 비용이 한 번 지출되고, 이후 14일 동안 짐을 보관하였다가 다시 짐을 집 안으로 들여오면서 1회 이사비용이 지출되어 총 2회 이사비용의 견적을 받은 사건입니다. 거기에 사다리차 이용료로 20만 원을 추가하여 총 340만 원의 이사비용 견적을 받았는데 모두 법원에서 인정받은 사건입니다.

이사 및 짐 보관비용이 모든 사건에서 항상 발생하는 것은 아닙니다. 누수피해 면적이 적거나 아주 일부분에 국한하여 피해가 발생한 경우, 또는 누수피해가 발생한 부분이 발코니와 같이 별다른 짐이 없는 곳에서 발생한 경우에는 굳이 짐을 반출해야 할 필요성이 없을 수 있습니다. 이런 경우 이사 및 짐 보관비용을 청구하였다가 인정받지 못하게 될 가능성도 있으므로, 충분한 검토를 통하여 손해 항목으로 기재해야 할 것으로 생각됩니다.

숙박비용

누수로 인하여 주거환경이 훼손되어 주거로서 기능을 할 수 없는 경우 숙박비용의 손해가 발생하게 됩니다. 숙박비용과 관련해서는 크게 다음과 같은 두 가지의 경우에 손해로서 인정받을 수 있는 것으로 보입니다.

1) 누수로 인하여 주거공간에서 생활이 불가능한 경우
2) 인테리어 보수 공사를 하는 동안 생활이 불가능한 경우

누수로 인하여 주거공간에서 생활이 불가능한 경우

상당한 양의 누수가 발생할 경우 신체의 안전을 위협받는 경우도 존재할 수 있습니다. 대체로 배관이 큰 손상으로 파열되거나, 정수기나 음식물 처리기 등의 어떠한 문제로 누수가 발생한 경우, 또는 윗집 세대에서 집을 비우는 동안 누수가 발생하여 별다른 조치를 할 수 없어 다량의 물이 떨어진 경우를 생각해 볼 수 있습니다.

이런 경우 피해세대 천장에서 물이 상당히 떨어지고 바닥에 물이 차오르는 등 주거로서 도저히 기능을 할 수 없거나, 누수로 인하여 누전

이 되어 화재 등의 급박한 위험이 있다면 부득이 다른 주거공간을 이탈할 필요성이 존재하게 됩니다. 그런 경우 당연하게도 숙박비 상당의 손해를 청구할 수 있습니다.

<u>누수가 조치된 이후에도 숙박비 청구가 가능할까?</u>

앞서 설명한 상황처럼 많은 양의 물이 떨어져 안전상의 위험이 존재할 경우에는 당연히 숙박비를 인정받을 수 있을 것입니다. 그렇다면, 누수원인에 대하여 조치를 취하여 더 이상 추가적인 누수가 발생하지 않지만 누수피해로 인하여 주거환경이 열악한 경우에도 계속적으로 숙박비에 대한 손해배상청구가 가능한지에 의문이 생길 수 있습니다.

만약 이러한 청구가 가능하다면, 피해자의 입장에서는 소송이 끝날 때까지 외부에 거주하면서 발생하는 숙박비를 모두 청구가 가능할 수 있으며, 한편 상대방 입장에서는 주거환경이 가능한데도 고의적으로 외부에 숙박을 하면서 손해배상을 청구하는 다소 억울한 상황에 놓일 수 있기 때문입니다.

이와 관련된 판례를 살펴보면,

판례의 태도

원고는 피고 주택의 발코니에 설치된 배수관 등을 통하여 원고 주택 전체에 누수가 발생하였고(이하 '이 사건 누수'라고 한다), 그로 인하여 원고가 원고 주택에서 거주할 수 없다는 사실을 피고들이 안 날인 2017. 7. 23.부터 원고 주택이 복구되어 정상적으로 사용하게 된 2017. 8. 20.까지 29일간 매일 30,000원씩 숙박비를 지불하여야 하는 상황에서, 원고가 구하는 적극적 손해 중 숙박비 부분의 경우, 원고가 제출한 증거들만으로는 원고가 원고 주택이 아닌 다른 장소에서 거주해야 할 특별한 상황이었는지 여부가 충분히 입증되었다고 보기 어려운 이상, 그와 같은 손해는 통상손해가 아닌 특별손해에 해당한다고 할 것이다. 그런데 그 특별손해에 대하여 피고들이 그러한 사정을 충분히 알았거나 알 수 있었다고 볼 수는 없으므로, 위 숙박비 부분은 손해배상책임의 범위에 포함하지 않는다. (인천지방법원 2019. 5. 15. 선고 2018나62396 판결 참조)

위와 같은 판례의 태도에 비추어 볼 때, 누수로 인하여 피해가 발생한 주택이 아닌 다른 장소에서 거주해야 할 특별한 상황이 존재하는지 여부가 가장 중요한 쟁점이 되었다고 볼 수 있을 것입니다. 만약 그러한 상황이 있다고 인정된다면 재판부가 대체거주비에 대해서 인정해 줬을 것으로 사료되는데요. 다만 위 판례의 경우 그러한 정황이 존재하지 않았고, 또한 특별손해에 개념으로 이해한다 하더라도 특별손해에 대한 추가적인 요건들이 입증되었다고 볼 수 없다는 이유로 원고의 청구를 부인한 사례입니다.

인테리어 보수 공사 기간 동안 생활이 불가능한 경우

누수로 인하여 집을 보수해야 하는 기간 동안 보수 기간 동안 생활이 불가능하다고 판단될 경우 숙박비 청구가 가능합니다. 이는 이사 및 짐 보관비용과 비슷한 기준에 의해서 판단해 볼 수 있습니다.

만약 공사 기간이 반나절이나 채 1일이 되지 않을 경우 숙박비용이 발생할 이유가 없습니다. 이사 및 짐 보관비용과 마찬가지로 공사의 범위가 굉장히 협소하여 공사를 진행하는 동안 보양작업을 통하여 분진을 예방하고 거주가 가능할 경우에도 숙박비가 인정되지 않을 수 있습니다.

다만, 공사 범위가 협소하다고 하여도, 예를 들어 화장실이나 주방과 같이 생활에 밀접한 관계가 있는 부분을 공사해야 될 경우에는 숙박비 상당의 손해가 발생하였다고 보아야 할 것입니다.

이처럼 현재 법원은 누수 피해로 인한 인테리어 보수 공사의 공사 범위와 공정 그리고 여러 제반 사정들을 종합하여 공사 기간 동안 생활이 가능한지 여부를 판단하여 숙박비에 대하여 인정 여부를 판단하고 있습니다.

숙박비 하루에 얼마나 인정될까?

그렇다면 숙박비가 인정된다면 하루 숙박비는 얼마 정도로 인정될 수 있을까요?

이에 대해서 명확한 기준이 정해져 있는 것은 아닙니다. 그럼에도 대체로 다음과 같은 기준들에서 여러 정황들을 검토하여 대체로 숙박비를 인정하고 있는 것으로 보입니다.

1) 누수피해 발생지 근처 숙박비용을 참고하는 경우

누수피해가 발생하여 인테리어 보수 공사를 하는 동안 잘 곳을 찾아야 하므로, 누수피해가 발생한 거주지와 인접하여 있는 곳에 숙박 시설을 알아보는 경우입니다. 호텔에서 잠시 생활을 해야 한다지만 그렇다면 거주지와 동떨어져서 생활한다는 것은 생각하기 어려운데요. 때문에 현재 살고 있는 거주지 근처의 숙박업소의 비용을 참고하여 1일 숙박비를 산정하는 경우가 있습니다.

이 경우, 가까운 숙박 시설의 평일 1박 요금을 제시할 수도 있으며, 주변 2-3 군데 숙박 시설의 1박 요금의 평균을 구하여 제시해 볼 수도 있습니다.

> **판례의 태도**
>
> 주택의 보수 기간 동안 그 주택에서 거주하던 거주자들이 임시로 주거를 옮겨야 할 경우 대체주거비는 그 주택과 거주형태, 지역, 면적 등에 있어 유사한 조건을 가진 주택의 차임 상당액 또는 이에 준하는 숙박료로 보아야 할 것이다. (춘천지방법원 강릉지원 2024가단31504 판결 참조)

> **판례의 태도**

이 법원의 감정촉탁 결과와 변론 전체의 취지에 의하면, 이 사건 손상을 보수하는 공사에 12일이 소요되는 사실, 원고 아파트 가까이에 있는 호텔에 숙박비용이 1박에 130,000원인 사실을 알 수 있고, 위와 같은 비용 지출은 이 사건 누수 발생과 상당 인과 관계가 있는 것으로서 통상 손해라고 봄이 타당하다. (의정부지방법원 고양지원 2023가단 81387 판결 참조)

대체로 2인 1실을 기준으로 1박에 10-15만 원 정도의 숙박비 정도는 인정되는 것으로 보이며, 공사 기간이 길어질 경우 단기 숙박으로 1박 비용을 지급하는 것보다 단기 임대로 숙박 시설을 이용하는 것이 저렴할 경우, 단기 임대 비용도 고려해 볼 수 있다.

예를 들어 공사가 약 1개월이 소요될 것으로 예상되는데, 이 경우 주변 호텔 1박 1실 기준 15만 원으로 금액을 산정할 경우 약 450만 원의 비용이 지출되는데, 같은 단지의 같은 평형의 아파트의 월세가 300만 원일 경우, 월세 금액 상당의 금액으로 숙박비의 적정 한도가 정해질 수 있는 것이다.

2) 한국부동산원 공시자료 또는 KB부동산 시세 자료 활용

누수피해가 발생한 부동산을 국토교통부 및 KB부동산 시세 자료 등을 토대로 임시거주비를 산정하는 경우입니다. 이 방법은 먼저 누수피해가 발생한 부동산에 대한 국토교통부 또는 KB부동산 시세자료 바탕으로 전세금을 산출하게 됩니다.

위 전세금에 전월세환산율을 대입하여 월 임대료를 산출하고, 이를 다시 1일 임대료로 산출하는 방법으로 숙박비용을 계산해 볼 수 있습니다.

다만 위와 같은 방법을 활용하게 되면, 대체로 실제 시세보다는 다소 낮은 결과를 도출하게 되므로, 일반적으로는 잘 활용하지는 않습니다. 그러나, 피고의 입장에서 소송하게 되는 경우 원고가 지나치게 높은 숙박비용을 청구할 경우 위와 같은 방법을 활용하여 적정 숙박비가 얼마인지에 대한 주장의 근거로 활용하기도 합니다.

위자료

    위자료는 누수사건에서 가장 예민한 손해배상 항목 중에 하나가 아닐까 생각됩니다. 누수피해가 발생하게 되면 당사자가 겪는 정신적 고통은 상당합니다. 앞서 설명드렸던 손해배상의 여러 항목들을 모두 인정받는다 하여도 당사자가 겪는 정신적 고통은 다른 회복될 수 없는 것입니다.

    이러한 이유는 누수사건이 바로 생활하고 있는 거주공간에서 발생하고 있기 때문입니다. 모든 사건이 다 그런 것은 아니지만, 어떤 경우에는 내가 마음만 먹으면 사건이 발생한 장소를 피할 수도 있을 것입니다.

    그러나, 누수사건의 경우 내가 생활하는 공간에서 발생하는 일이기에, 퇴근하면 어김없이 누수가 발생한 집으로 가서 다시금 피해 현장을 목격해야 하는 상황에 놓이게 됩니다.

    뿐만 아니라, 누수가 발생한 곳은 시간이 지남에 따라 곰팡이가 발생하는 등 점차적으로 주거환경이 열악해진다고 볼 수 있습니다. 어린 자녀를 키우고 있는 경우라면 특히나 이런 문제가 더욱 신경쓰일 수밖에 없으며, 이런 이유로 가족 구성원이 감기에 걸리거나 건강이 악화되면 더욱 더 정신적 고통이 커질 수밖에 없습니다.

상황이 이렇지만 위자료와 관련한 우리 법원의 입장은 **"원칙적으로는 위자료를 인정하지 않고 예외적인 경우에만 인정하겠다"**는 것으로 보입니다.

판례의 태도 (1)

일반적으로 타인의 불법행위 등에 의하여 재산권이 침해된 경우에는 그 재산적 손해의 배상에 의하여 정신적 고통도 회복된다고 보아야 할 것이므로, 재산적 손해의 배상에 의하여 회복할 수 없는 정신적 손해가 발생하였다면, 이는 특별한 사정으로 인한 손해로서 가해자가 그러한 사정을 알았거나 알 수 있었을 경우에 한하여 그 손해에 대한 위자료를 청구할 수 있는 것이다. (대법원 1996. 11. 26. 선고 96다31574 판결)

누수사건도 누수로 인하여 소유하고 있는 부동산에 인테리어가 훼손되는 등 재산권이 침해된 경우에 해당하므로, 위 판례에 따라서 원칙적으로는 인테리어 보수비용을 받게 될 경우 정신적 고통도 회복된다고 보아 위자료를 인정받을 수 없습니다.

다만, 위 판례와 같이 **특별한 사정**이 있는 경우에는 예외적으로 위자료를 인정해 주겠다는 여지를 남기고 있는데요. 누수사건 위자료 인정과 관련된 판례를 살펴보면,

판례의 태도 (2)

이 사건 임대차 목적물에 누수가 발생한 2022. 8. 2.경부터 이 사건 임대차계약이 만료된 2023. 7. 10.까지 보수 공사가 이루어지지 않음에 따라 원고가 그 가족들이 건강하고 쾌적한 주거생활을 영위하기 어려웠던 것으로 보이는 점을 고려하면, 원고가 누수 피해로 인하여 재산적 손해의 배상만으로는 회복될 수 없는 정신적 고통을 입었다는 특별한 사정이 있다고 판단된다. (수원지방법원 안산지원 2023가단67579 판례 참조)

이처럼 사건의 여러 정황을 보아 **특별한 사정**이 인정된다고 판단될 경우 예외적으로 위자료를 인정하고 있습니다.

다만, 아직까지 우리 법원은 누수사건에 있어서 위자료 인정 기준에 대하여 명확한 판례를 제시한 적은 없습니다. 다만, 여러 사건들을 진행하였던 경험에 비추어 볼 때, 대체로 다음과 같은 기준들로 위자료를 인정하고 있는 것으로 보입니다.

1) 누수피해가 오랜 시간 동안 지속되거나, 누수피해로 인한 비위생적인 상태가 오랜 시간 동안 지속된 경우
2) 누수피해의 정도가 일반적인 경우보다 심각한 상황에 해당하는 경우
3) 상대방이 누수원인을 방치하거나, 아랫집에 피해를 야기하기 위

한 목적으로 수리를 지연한 경우

　이러한 기준들에 의하여 대체로 위자료를 청구 여부를 고민하게 되는데요. 다만 오랜 시간이 어느 정도일지 그리고 피해가 심각하다는 것이 어느 정도일지는 다소 주관적인 부분으로 이에 대하여 일률적인 판단을 하기는 어렵습니다. 대체로 누수피해가 발생한 뒤 곧바로 원인을 파악하고 이를 보수하여 추가적인 누수피해를 방지하였다면 이러한 경우에는 위자료 청구가 다소 힘들다고 판단하고 있습니다.

위자료 어느 정도 청구가 적절할까
　위와 같은 요건들에 대하여 고민한 다음으로는 그럼 대체로 위자료는 어느 정도 금액에서 청구하는 것이 적절할지에 대하여 고민해 볼 수 있을 것입니다.

| 판례의 태도 (1) |

　원고가 주거공간의 악취, 곰팡이 등으로 인하여 주거의 평온을 침해당하였고, 이로 인하여 재산적 손해의 배상만으로는 회복될 수 없는 정신적 고통을 겪었을 것임은 경험칙상 충분히 인정되고, 상대방인 피고는 원고의 지속적인 호소에 의하여 이와 같은 사정을 알았거나 알 수 있었다고 할 것이므로, 피고는 원고가 입은 정신적 손해를 배상할 책임이 있다. 이 사건 변론에 나타난 제반 사정을 참작하여 그 위자료 액수

를 500만 원으로 정한다. (인천지방법원 2023나68732 판결 참조)

> **판례의 태도 (2)**

　손해배상의 범위에 관하여 보건대, 위 감정인의 감정 결과에 의하면 이 사건 건물의 위 누수 부분에 대한 보수비로 8,924,000원이 소요됨이 인정되므로 이 사건 건물의 소유자인 원고 A에 대한 손해배상액은 8,924,000원으로, 이 사건 건물의 거주자인 원고 B에 대한 위자료는 누수로 인한 피해의 정도 및 범위, 피해의 지속기간 등을 고려하여 2,000,000원으로 정함이 상당하다. (부산지방법원 2016. 2. 3. 선고 2015나43063 판결 참조)

　이러한 판례에 태도에 비추어 보건대, 대체로 위자료는 200만 원에서 500만 원 선에서 인정되는 것으로 보입니다. 다만, 사건들마다 피해의 정도와 경과기간 그리고 상대방의 악의적 행동의 정도 등이 다르므로 위자료 액수를 산정하는 데 있어서는 신중해야 할 필요가 있습니다.

위자료 청구를 고민하는 다른 이유는 소송비용 때문에

　위 내용들에 비추어 볼 때, 그렇다면 위자료를 적당히 청구해서 인정받으면 좋고 인정받지 못하면 그만 아닐까 하고 쉽게 생각해 볼 수도 있습니다.

　그렇지만 위자료를 청구하였다가 인정받지 못하게 되면 이는 **일부**

패소에 해당하게 됩니다. 그리고 이러한 일부패소는 결국 소송비용에까지 영향을 미치게 됩니다.

소송비용은 크게 변호사보수, 인지대 및 송달료, 감정료 등입니다. 그런데 누수사건의 경우 대체로 감정을 진행하는 경우가 많은데 감정료가 상당합니다. 누수소송을 제기하는 당사자 입장에서는 누수로 인하여 피해를 받은 것도 억울한데 그 피해를 회복하기 위해서 다시 스스로의 비용을 들여서 소송을 진행하는 것은 너무나도 억울한 일임이 분명합니다.

그렇다면 기왕 많은 비용을 들여 소송을 제기하였다면 당연하게도 소송비용을 최대한 회수하는 것도 중요한 소송 목표 중에 하나일 것입니다. 그러나 **위자료를 인정받지 못하게 될 경우, 일부패소 부분이 생기고, 그 비율만큼 소송비용을 반환받지 못할 수 있습니다.**

예를 들어, 인테리어 보수비용 800만 원과 위자료 200만 원을 더하며, 상대방에게 1,000만 원을 지급해 달라는 소송을 제기하였는데, 위자료를 인정받지 못한 경우, 일부승소에 해당하게 되고 승소율은 80%입니다. 이 경우 판결문에 아마도 소송비용 중 5분의 4는 피고가 나머지는 원고가 부담한다는 내용이 기재가 될 것입니다.

나중에 소송이 끝낸 이후, 감정비용으로 지출한 500만 원을 상대방에게 청구하기 위하여 소송비용확정신청을 하였다면, 법원에서는 위 감정비용 500만 원 중 80%에 해당하는 400만 원을 상대방에게 청구하라는 결정을 할 것입니다. 원고 입장에서는 위자료를 청구하였다고 패소가 되는 바람에 감정비용에서도 100만 원의 손해가 발생하게 됩니다.

만약 원고가 차라리 위자료를 청구하지 않았다면 전부승소를 하였을 것이고, 승소율은 100%이며, 소송비용도 전부 피고가 부담하였을 것입니다. 그런 경우 감정비용으로 지출한 500만 원을 모두 회수할 수 있었을 것입니다.

이처럼, 위자료를 너무 쉽게 생각하고 청구하였다가 이를 인정받지 못하게 되면 소송비용상의 불이익까지 연결될 수 있으므로 위자료 청구에 있어서는 보다 신중을 기하여야 합니다.

사용수익 제한에 따른 손해

거주하고 있는 주거공간에 누수가 발생하게 되면 일부를 사용하지 못하는 손해가 발생하게 됩니다. 예를 들어 우리 집이 방 3개, 거실, 주방, 화장실 2개로 구성되어 있는 공간인데, 어떤 이유에서 물이 쏟아져 방 1개를 사용하지 못하였다는, 누수가 없었더라면 사용할 수 있는 공간을 사용하지 못하는 제한이 생기게 되고 이를 손해로 이해할 수 있습니다.

부동산 사용 수익 제한에 따른 손해와 숙박비 상당의 손해는 어떻게 보면 같은 개념에서 출발하는 것이기에 중복해서 청구할 수는 없습니다. 부동산을 전체를 다 사용하지 못하게 된다면 당연하게도 숙박비를 손해로 청구해야 하고, 부동산을 온전히 사용하지 못하는 것은 아닌데 일부 사용을 제한을 받게 된다면 이를 사용 수익 제한에 따른 손해로 이해할 수 있습니다.

판례의 태도

원고는 2020년 6월부터 2021년 9월까지 안방을 사용할 수 없었는바, 원고 부동산의 월 차임이 40만 원이고 안방은 원고 부동산의 1/4에 해당하므로, 16개월간 안방을 사용할 수 없었던 것에 따른 손해로 160만 원을 배상하여야 한다고 주장하고 있는바, 갑제5호증의 기재, 을제2호증의 영상 및 변론 전체의 취지에 의하면 장마철 호우가 집중된 상황에서 안방에 발생한 누수피해가 커 2020년 6월경부터 안방 도배 공사가 이뤄진 2020년 9월 중순 무렵까지 원고가 안방을 제대로 사용할 수 없었을 것으로 보이고, 원고 부동산 전체에 대한 월 차임이 월 40만 원 가량으로 보이므로, 위 기간 동안 차임 상당 손해로 35만 원(=안방 차임 상당액 10만 원 × 3.5개월)을 인정한다. (청주지방법원 2021가단71628 판결 참조)

위와 같이 부동산 사용수익 제한에 따른 손해를 계산하는 일반적인 방법은, 누수피해가 발생한 부동산을 1개월 정도 임차를 해 주었을 때 예상되는 임대료를 기준으로 사용하지 못한 면적의 비율을 적용하여 산출하게 됩니다.

1개월 임대료를 계산하는 방법도 다양하게 이용할 수 있는데요. 사건 발생지 주변 중개사무소를 통하여 임대료 자료를 받는 방법, 네이버 부동산과 같은 인터넷 부동산 시세 자료를 활용하는 방법, 또는 전세보증금에 전월세환산유율을 대입하는 방법들을 활용할 수 있습니다.

사용수익 제한에 따른 손해를 청구하면 주의할 점

많은 상담을 하면서 사용 수익 제한에 따른 손해를 안내해 드리면 당사자 입장에서는 누수피해 발생 시점부터 현재까지의 모든 기간에 대해서 손해를 인정받을 수 있을 것으로 생각하는 경향이 있는 것 같습니다.

그러나. 앞서 소개해 드린 판례와 같이 대체로 법원은 실제로 사용하지 못한 기간을 손해 발생 기간을 보고 있습니다. 따라서 판례 사례와 같이 장마철 기간 동안 계속 우수가 유입되어 사용하지 못하였다면 그 기간을 손해 기간으로 인정하기는 하나, 장마가 끝난 이후에 기간에 대해서는 아직 인테리어 보수가 진행되어 피해가 회복되지 않았다 하더라도 손해로 보지 않는 경향이 있다는 점을 유의해야 합니다.

피해자의 입장에서는 누수발생 이후 시간이 경과함에 따라 천장과 벽면의 벽지가 훼손되고 곰팡이가 발생하게 됨에 따라 악취도 발생하고 그로 인하여 실질적인 생활이 어려운 것은 사실인데요. 그러나 법원에서는 다소 소극적으로 해당 손해를 인정하려고 하는 경향이 있으므로, 사용하지 못한 이유와 기간에 대하여 합리적인 주장과 증거를 제시하고, 너무 과도한 기간에 대하여 청구하는 것에 대해서는 조심스럽게 검토할 필요가 있습니다.

손해방지비용

누수탐지비용

누수피해가 발생하게 되면, 피해세대 입장에서는 하루라도 빨리 누수원인을 확인하여 이를 제거하는 것이 무엇보다 중요한 일입니다. 그래야만이 추가적인 누수피해를 방지하고, 추가 누수피해가 없는 것을 확인할 때에 훼손된 인테리어도 보수할 수 있기 때문입니다. 누수원인이 제거되지 않은 상태에서는 인테리어보수 공사를 한다 하여도 다시 누수가 발생해 인테리어가 훼손될 것이 자명하기 때문입니다

이런 이유로 대부분의 누수사건에서는 누수탐지비용이 지출됩니다.

판례의 태도

누수 부위나 원인은 즉시 확인하기 어려운 경우가 많고, 그로 인한 피해의 형태와 범위도 다양하다. 또한 누수와 관련하여 실시되는 방수공사에는 누수 부위나 원인을 찾는 작업에서부터 누수를 임시적으로 막거나 이를 제거하는 작업, 향후 추가적인 누수를 예방하기 위한 보수나 교체 작업 등이 포함된다. 따라서 방수공사의 세부 작업 가운데 누수가 발생한 후 누수 부위나 원인을 찾는 작업과 관련된 탐지비용, 누

수를 직접적인 원인으로 해서 제3자에게 손해가 발생하는 것을 미리 방지하는 작업이나 이미 제3자에게 발생한 손해의 확대를 방지하는 작업과 관련된 공사비용 등은 손해방지비용에 해당할 수 있다. 구체적인 사안에서 누수로 인해 방수공사가 실시된 경우 방수공사비 전부 또는 일부가 손해방지비용에 해당하는지는 누수나 그로 인한 피해 상황, 피해의 확대 가능성은 물론 방수공사와 관련된 세부 작업의 목적이나 내용 등을 살펴서 개별적으로 판단해야 한다. (대법원 2022. 3. 31. 선고 2021다201085, 201092 판결 등 참조)

위 판례의 내용처럼 누수탐지비용은 일반적으로 손해방지비용에 해당하므로 이에 대해서 청구가 가능합니다.

다만, 최근에는 누수탐지업체들도 다양해짐에 따라 탐지비용에서도 상당한 차이가 발생하고 있습니다. 육안으로 검사를 하는 경우 30만 원부터 정밀장비를 활용하여 탐지업무를 하는 경우 500만 원에 이르기까지 탐지비용의 편차가 커지고 있는데요.

그동안 많은 소송을 진행하면서 경험하여 본 결과, 100만 원 이내의 탐지비용 지출에 대해서는 대체로 법원이 어렵지 않게 인정하는 것으로 사료됩니다. 다만, 그 이상의 고가의 탐지비용을 지출한 경우 법원에서 이를 무조건적으로 기각하는 것은 아니지만 그러한 고가의 탐지비용이 지출한 이유에 대해서 합리적인 설명이나 증거들이 제시되지 않으면 인정받기가 어려운 점도 유의해야 하겠습니다.

누수원인을 제거하기 위한 보수 공사비용

대체로 누수소송이 진행되는 사건들은 누수원인이 파악하기 힘들거나, 누수원인이 파악된다 하더라도 상대방의 협조 없이는 누수원인을 제거하기가 힘든 경우가 많은데요.

경우에 따라서는 누수원인을 피해자 측에서 먼저 보수할 수 있는 경우도 존재합니다. 예를 들어 아파트 옥상이나 빌라 옥상에 방수층이 훼손되어 누수가 발생한 경우, 옥상 부분에 대해서 먼저 방수시공을 해서 피해를 방지하는 경우를 생각해 볼 수 있습니다.

이런 경우에도 피해자 측에서 먼저 누수원인에 대하여 공사를 하여 추가적인 누수피해를 방지한 것이므로 이에 대하여도 상대방에게 청구가 가능하다 할 것입니다.

> **판례의 태도**

제출된 증거 및 이 법원의 감정인에 대한 감정촉탁결과를 종합하면, 원고 소유인 이 사건 공동주택 302호에 발생한 누수는 피고 소유인 402호의 세면기 수전으로 급수되는 배관 부분에 그 원인이 있음을 인정할 수 있으므로 피고는 그로 인한 원고의 손해를 배상할 의무가 있는 바, 감정인이 산정한 보수비용 5,995,142원, 원고가 부담했던 누수탐지 비용 800,000원, 누수로 손상된 조명기구 교체 비용 79,500원, 이 사건 소 제기 전 피고가 시행한 누수탐지 및 공사비용의 일부로 원고가 피고에게 지급하였던 1,450,000원의 합계 8,324,642원의 배상책임을 인정

한다. (서울서부지방법원 2023가소402360 판결 참조)

위의 사례에서처럼 누수탐지비용과 함께, 누수원인을 제거하기 위하여 상대방 전유부분에 실시한 공사비용을 지급한 것도 인정받은 사례가 있습니다.

당연하게도 상대방 전유부분의 누수원인을 제거하기 위한 비용은 상대방이 부담해야 하는 것이 맞습니다. 그럼에도 왜 피해자 측에서 이 비용을 지급하는지 의문이 들 수 있는데요. 피해자 입장에서는 하루라도 빨리 누수원인이 제거되어서 피해를 최소화하고 싶은 바람이 있을 수밖에 없습니다. 그런 상황에서 상대방 측에서 공사비를 일부 지급해 주면 신속하게 공사하겠다고 제안을 하면 그 제안을 거절하기가 쉽지 않은 것도 사실입니다.

누수유도판설치비용(물받이공사)

손해방지비용으로 유도판 설치비용을 청구하기도 합니다.

누수유도판, 낙수유도판 등의 이름으로 호칭되고 있습니다. 누수가 지속적으로 발생하게 되면 계속적으로 손해 범위가 확대될 수밖에 없는데요. 누수가 어디에서 물이 유입되었는지를 알 수 없다면 해당 공사를 하기는 어려움이 존재합니다.

그러나, 다행히도 물이 떨어지는 지점을 특정할 수 있다면, 물이 떨어지는 부분에 누수유도판을 설치하여, 떨어지는 물을 모아 안전한 장소로 누수를 유도할 수 있습니다.

  많은 경우 화장실 천장과 같은 곳에서 물이 떨어지는 것이 육안을 관측되고, 떨어지는 곳이 일정하다면 해당 부분을 스테인리스틀을 이용하여 누수유도판을 천장에 덧대는 방식으로 시공을 하게 됩니다. 이후 스테인리스틀 한쪽에 관을 연결하여 화장실 바닥이나 욕조 등으로 누수를 유도하는 것입니다.

  이렇게 유도판을 설치하게 되면 추가적인 피해 확산을 방지하는 의미가 있으므로, 법원에서도 해당 비용을 인정해 주고 있습니다.

기타 비용

물품 피해

누수로 인하여 노트북 같은 전자제품이 훼손되는 경우들이 생길 수 있습니다. 최근에는 고가의 가전제품들이 상당히 많기 때문에 인테리어 보수 못지않게 물품과 관련된 피해가 발생하는 경우들이 많이 존재하게 되는데, 예를 들어 벽걸이형으로 설치한 TV나 천장에 설치되어 있는 시스템 에어컨과 같은 고가의 가전제품들이 있을 수 있습니다.

또 나아가서는 명품 가방이나 명품 옷과 같은 고가의 의류들이 누수로 인하여 피해가 발생하는 경우에도 같은 범주로 이해될 수 있을 것입니다.

> **판례의 태도**
>
> 불법행위로 말미암아 물건이 손괴된 경우에 손괴 당시의 수리비가 원칙적으로 통상의 손해에 해당하고, 만일 수리가 불가능할 경우에 그 교환가치의 감소액을 그 통상의 손해라고 하는 것이 상당하다. (대구고법 1980. 10. 16. 선고 80나459 판례 참조)

물품 피해에 대해서도 위와 같은 판례의 태도가 적용됩니다. 따라서 수리가 가능한지 여부에 따른 손해배상금액을 어떻게 청구할 것인지가 달라지게 됩니다.

예를 들어, 천장에서 물이 떨어져 노트북이 고장이 난 경우라고 하다면, 일단 해당 노트북의 수리 가능 여부를 확인하여야 합니다. 수리가 가능하다면 위 판례의 태도에 따라 수리비용을 손해배상금액으로 청구해야 하고, 수리가 불가능할 경우 누수피해로 인하여 훼손되었을 당시의 교환가치 감소액을 손해배상금액으로 청구해야 하는데, 결국 수리가 불가능한 노트북의 경우 교환가치는 거의 없다고 생각해야 하므로, 편의가 훼손된 시점의 중고가격 상당액 정도로 이해할 수 있을 것입니다. 다시 정리하자면,

1) 수리가 가능한 경우라면 수리비를
2) 수리가 불가능한 경우라면 훼손 당시 중고가격

여기서 중요한 점은 어느 경우에서든지 처음 제품을 구입할 당시의 비용을 손해로 청구하지는 않는다는 것입니다. 간혹 물품 손해에 관련해서 처음 구입 당시의 비용을 청구하는 경우가 있는데, 위 법리를 무시하고 무리하게 청구를 할 경우 패소 부분이 생길 수 있음을 유의해야 합니다.

만약 수리비가 중고가격을 초과하는 경우라면 손해배상은 중고가격 상당으로 제한해야 하는 점도 주의해야 합니다. 쉽게 생각하여 노트북을 수리하는 것보다 차라리 같은 기종의 중고 노트북을 구입하는 게 더 저렴하다면 그 손해는 중고 노트북 구입비용으로 제한하는 것이 타당합니다.

　　최근 들어 **벽걸이 TV**나 **천장 시스템 에어컨**이 설치되어 있어, 누수피해가 발생하게 되면 이러한 대형 가전들에서 문제가 발생하는 경우들이 존재합니다.

　　이 경우에도 마찬가지로 수리가 가능할 경우 수리비용을 청구하고, 수리가 불가능할 경우 중고가격 상당을 청구하는 것이 바람직합니다. 그런데 실제 사건을 진행하면서 위와 같은 손해에 대해서 청구하는 경우 대형가전의 경우 **철거 및 재설치비용, 운반비용** 등이 부대하여 발생하는 경우들이 많습니다. 이러한 대형 가전을 수리하기 위해서 수반되는 철거 및 재설치비용, 운반비용 역시도 손해배상으로 청구가 가능합니다.

세탁비용

　　이불이나 베개와 같은 침구류에 누수피해가 발생한 경우, 의류나 가방이 누수피해로 인하여 훼손된 경우도 상당히 많습니다. 위 물품 피해와 마찬가지로 수리비를 청구하는 것이 원칙인데, 침구류나 의복의 경우 수리비라 함은 세탁비를 생각해 볼 수 있습니다.

즉, 세탁을 통하여 다시 사용이 가능하다면 세탁비를 청구하는 것이 원칙이라고 할 것입니다. 다만, 세탁비용을 청구할 때에 한 가지 주의 사항이 있습니다. 실제로 누수 피해가 있었기에 당연히 세탁을 하고 비용을 청구하는 것일 테지만 소송에 있어서는 증명이 중요합니다.

가능하다면 누수피해로 인하여 해당 물품들이 훼손된 모습을 사진이나 동영상 자료를 확보해 놓는 것을 당부드리고 싶습니다. 실제 소송에서 위와 같은 증거 사진을 제대로 확보하지 못하고 급한 마음에 세탁부터 진행한 이후 비용을 청구하게 될 경우 실제로 그러한 피해가 발생하였는지에 대한 다툼이 되는 경우들이 많습니다. 특히, 고가의 명품 가방이나 의류의 경우 세탁비 역시 상당히 비용이 발생하기에, 실제로 피해가 발생하였는지 여부에 대하여 다툼이 되는 경우들이 종종 발생하게 됩니다.

또한, 세탁 이후 비용을 제출하고 영수증을 받을 때에는 어떠한 품목들이 세탁을 하였는지에 명확히 기재되어 있는 영수증이나 견적서를 받아서 증거를 확보하는 것을 추천드리고 싶습니다.

손해배상금액으로 청구하기 어려운 항목

식대는 손해배상금액으로 청구하기 어려운 항목 중에 하나입니다. 누수사건에 대한 상담을 하다 보면 식대를 손해항목을 청구할 수 있느냐는 질의를 받는 경우가 있습니다. 누수로 인하여 인테리어를 보수해야 하는데 그동안 임시 거처에서 생활해야 하고 밖에서 돈을 주고 식사를 해결해야 하므로 식대 역시도 손해 항목 중에 하나가 아니냐는 질문이었습니다.

나름 일리가 있는 주장이라고 생각됩니다. 그렇다고 하더라도, 엄밀히 말하면 식대 자체가 곧 손해라고 보기는 어렵습니다. 우리는 누수사건이 발생하지 않았다 하더라도 밥은 먹었을 것이기 때문입니다. 결국 누수로 인하여 발생하는 손해라고 한다면, 누수가 없었다면 집에서 요리를 해서 식사를 하였을 경우 지출이 예상되는 금액 대비 밖에서 식사를 하면서 지출되는 금액의 차이가 손해라 할 것입니다. 그런데 위와 같은 손해를 계산한다는 것이 사실이 너무나 어려워 식대 자체를 손해로 청구하기는 어렵다고 생각해야 할 것입니다.

한편, 누수가 발생한 아파트나 빌라에 임차인이 거주하고 있는 경우, 임차인이 누수로 인하여 더 이상 임차목적물에 거주하기 어렵다는 이

유로 임차계약을 해지하고 중도에 퇴거하는 경우가 존재하는데,

그때, **부동산 중개수수료**나 **이사비용**을 임대인에게 요구하는 경우들이 존재합니다. 이런 경우 임대인 입장에서도 임차인의 요구를 들어줘야 할지 말아야 할지 고민이 많아 종종 이에 대하여 문의하는 상담이 있습니다.

그런데 이런 부동산 중개수수료나 이사비용의 경우 손해배상으로 청구하기 다소 어렵다고 판단하고 있습니다. 부동산 중개수수료나 이사비용의 경우 누수와 같은 우연한 사고가 없었다고 한다면 임대차기간이 종료됨에 따라서 이사를 가는 임차인이 부담해야 하는 비용이고, 부동산 중개수수료 역시도 필요에 따라 임차인 또는 임대인이 부담해야 하는 비용으로 이해할 수 있습니다.

그렇다면, 누수사고가 발생하였다면 곧바로 이러한 부동산 중개수수료나 이사비용 상당의 손해가 발생한다기보다는, 엄밀하게 말하면 임대차 기간 만료 전까지는 지급하지 않았을 비용을 기한의 이익을 상실하여 현 시점에서 지출하게 되는 것을 손해라고 해야 할 것입니다. 기한의 이익을 상실한 손해를 구체적으로 계산하는 것이 상당히 난해하기에 결국은 판단에 있어서 어려움이 존재한다고 보아야 할 것입니다.

다만, 경우에 따라서는 부동산 중개수수료나 이사비용을 특별손해로 보아서 상대방이 이러한 손해가 발생될 것을 알았거나 알 수 있었는지 여부에 따라 손해발생 여부를 판단한 판례들도 존재합니다.

본격적인 소송 절차에 들어가기 위해서는 소장을 작성하여 법원에 접수해야 합니다.

소장에는 다음과 같은 내용들이 필수적으로 들어가야 합니다.

1) 당사자의 표시
2) 청구취지
3) 청구권인
4) 증거 및 입증방법
5) 관할 법원의 표시

위와 같은 내용들이 들어간 누수소송 소장의 모습은 다음과 같습니다.

이하에서는 소장 누수소송에서 소장을 어떻게 작성하는지 각 항목 별로 구체적으로 설명해 보도록 하겠습니다.

소 장

원   고   박종은 (850805 - 2******)
인천 연수구 인천타워대로
원고 소송대리인 변호사 박종은
인천 연수구 인천타워대로323, 송도 센트로드 A동 1902호
(☎ 010-2585-0474, Fax 032-834-0474,
e-mail: lawpje@gmail.com)

피   고   홍길동
인천 연수구 인천타워대로
8

손해배상 등 청구의 소

청 구 취 지

1. 피고는 원고에게 금 1,000,000원 및 위 돈에 대하여 소장부본 송달일 다음 날 부터 다 갚는 날까지 연 12%의 비율에 의한 돈을 지급하라.
2. 소송비용은 피고의 부담으로 한다.
3. 위 제1항은 가집행 할 수 있다.
라는 판결을 구합니다.

청 구 원 인

1. 당사자들의 관계

가. 원고는 인천광역시에 대하여 소유자인 피고와 임대차계약을 체결하고, 위 소재에서 "   "이라는 상호로 영업을 운영하는 자입니다. (이하 "이 사건 임차목적물"이라 칭함, 갑제1호증1 임대차계약서 및 갑제1호증의2 사업자등록증 참조)

나. 한편, 피고는 이 사건임차목적물의 소유자이며, 원고와 임대차계약을 체결한 임대인에 해당하는 자입니다. (갑제2호증 부동산등기부등본 참조)

다. 원고 및 피고가 체결한 임대차계약의 주요내용은 아래와 같습니다.

부동산임대차계약서
1.부동산의 표시 인천광역시 2.계약내용 보증금 제2조 [존속기간] 임대인은 위 부동산을 임대차 목적으로 사용수익할 수 있는 상태로 2000년 0월 0일까지 임차인에게 인도하며, 임대차 기간은 인도일로부터 2000년 0월 0일까지 (24)개월로 한다. (이하 생략)

2. 이 사건 부동산의 누수발생

가. 누수발생 개요

○ 원고는 위 임차목적물을 인도받아 2000년 0월 0일 "   "이란 상호로 을 오픈하여 운영하였습니다.

당사자 표시

원고의 표시

소장에서 가장 먼저 기재하는 내용은 당사자에 대한 것입니다. 이 사건 소송의 원고는 누구이고 피고를 누구인지를 특정하는 것이다. 원고와 피고가 한번 정해지게 되면 추후에 이를 변경하는 것은 어려운 일이기 때문에 처음에 원고와 피고를 누구로 할지 잘 특정해야 합니다.

먼저 **원고**를 표시해야 합니다. 누수소송에서 보통의 경우 아파트 또는 빌라의 소유자가 원고가 됩니다. 누수로 인하여 인테리어가 훼손된 경우 당연하게도 빌라 또는 아파트의 소유자가 피해자가 되므로, 보통의 경우 소유자가 원고가 됩니다.

기재례

원고 홍길동 (991231-1234567)
인천 연수구 인천타워대로 323 송도센트로드A동 1902호

인적사항은 위와 같이, **성명, 주민등록번호, 주소**를 적는 것이 일반적입니다.

주민등록번호와 같은 민감한 인적사항의 경우 상대방에게 불필요한 정보를 제공한다는 생각에 기재하지 않으려는 경우도 있습니다. 주민등록번호가 필수적 기재사항은 아니기에 기재하지 않는다 하더라도 성명과 주소만으로도 소송 절차 진행이 가능합니다. 다만, 추후 판결 이후 강제집행과 같은 절차를 진행할 때에는 결국 주민등록번호를 법원에 제공해야 하니, 처음부터 기재하는 것을 추천드리고 싶습니다. 해당 정보를 기재한다고 하더라도 상대방에게 모든 주민등록번호가 공개되는 것이 아니기 때문에 안심해도 괜찮습니다.

누수 피해가 발생한 빌라 또는 아파트의 소유자가 누구인지에 대해서 대체로 잘 알고 있으므로, 실수가 별로 존재하지 않지만 간혹 소유자가 아닌 **배우자**의 이름으로 원고를 기재하는 경우가 존재합니다. 아무리 부부이고 함께 사는 배우자라 하더라도 소송에서는 분명 별개의 자연인에 해당하므로 이를 엄밀히 구분해야 합니다.

따라서, 배우자가 누수사건에 대해서 초기부터 상대방과 대응하고 사실관계를 잘 알고 있다고 해서 소유자가 아닌 배우자의 이름을 기재하는 실수를 해서는 안 됩니다.

공동명의인 경우

　소유자가 공동명의인 경우에는 공동명의인 모두를 기재합니다. 최근에는 빌라나 아파트 소유권을 부부 공동명의로 하는 경우가 많이 있는데, 그런 경우 공동 명의 모두가 원고로 기재가 되어야 합니다.
　만약 공동명의임에도 불구하고 **명의자 중 일부가 누락된 경우** 누락된 명의가 소유하고 있는 지분비율에 따른 청구를 하지 못하는 손해가 발생하게 되므로 주의해야 합니다.
　예를 들어 부부가 각 2분의 1지분으로 아파트를 소유하고 있고, 누수로 인하여 총 100만 원의 손해배상금액을 청구하는 사건이라고 가정할 때, 지분 비율에 따라 남편은 50만 원을 아내는 50만 원을 각 청구하고 총 100만 원의 손해를 청구할 수 있는 것입니다. 그런데 만약 아내를 원고로 기재하지 않았다면, 법원에서는 안타깝지만 남편의 지분 비율에 따른 손해배상금액인 50만 원만을 인정하는 판결을 선고할 수밖에 없고, 이 경우 아내를 원고로 하여 다시 별도의 소를 제기해야 하는 불편함이 생길 수밖에 없습니다.

> 기재례

1) 원고들이 모두 같은 주소에 사는 경우

원고 ① 홍길동 (991231-1234567)

② 임꺽정 (991231-1234567)

원고들 주소 인천 연수구 인천타워대로 323 송도센트로드A동 1902호

2) 원고들의 주소가 다른 경우

원고 ① 홍길동 (991231-1234567)

인천 연수구 인천타워대로 323 송도센트로드A동 1902호

② 임꺽정 (991231-1234567)

인천 연수구 인천타워대로 323 송도센트로드A동 1902호

피고의 표시

다음으로 중요한 것은 누구를 피고로 할 것인가입니다. 누수소송에서는 피고를 누구로 할 것인지가 매우 중요합니다. 소를 제기하는 시점에 어떤 전략을 가지고 소를 제기할지에 따라 피고를 누구로 특정할지에 대하여 많은 고민을 할 수밖에 없습니다. 또한, 최대한 많은 가능성을 대비하며 소송을 진행할지, 어느 정도 위험 부담을 감수하면서 최대한 패소 부분이 없다고 소송을 진행할지 등에 따라 피고를 누구로 할지 고민할 수밖에 없습니다.

1) 누수원인이 윗집에 전유부분에 존재할 경우(소유자가 직접 거주하는 경우)

소송을 제기하기에 앞서 누수탐지 등을 통하여 누수원인이 어느 정도 파악되었고, 누수원인이 윗집의 전유부분에 존재하는 경우입니다. 누수사건의 경우 민법 758조에 따라 공작물책임을 청구하는 경우가 대부분인데, 민법758조의 조문 구조상 공작물의 점유자가 1차적인 책임을 부담하고 점유자가 손해방지의 주의 의무를 다한 경우 2차적으로 소유자가 책임을 부담하도록 되어 있습니다.

따라서, 누수가 발생한 원인세대가 전세 또는 월세와 같은 임대차계약에 따라 집주인이 아닌 임차인이 살고 있다면 누구를 대상으로 책임을 물을지 고민될 수 있습니다. 그러나, 소유자가 직접 거주하고 있다면, 소유자가 공작물의 점유자이자 소유자이므로 이런 고민을 할 필요 없이 소유자만을 피고로 특정하면 됩니다.

먼저 검색 사이트에 "대법원 인터넷등기소"를 검색한 후, 해당 사이트를 통하여 위층 부동산의 등기부등본을 열람할 수 있습니다. 누구든지 열람할 수 있으며, 등기부등본을 통하여 위층 소유자의 성함과 생년월일 그리고 주소를 확인할 수 있습니다. 다만, 등기부등본상에는 매매하기 이전의 주소가 기재되어 있는 경우가 많으므로, 현재 소유자가 살고 있는 것이 확실하다면 위층 주소를 기재하고, 소유자가 다른 곳에 거주하는 특별한 사정이 있을 때에는 일단 등기부등본상의 주소를 피고의 주소로 특정하면 됩니다.

기재례

피고 홍길동 (00년 12월 31일)
인천 연수구 인천타워대로323 송도센트로A동 1902호

만약, 위층 부동산이 공동명의로 되어 있는 경우, 앞서 원고가 공동명의인 때와 마찬가지로 공동명의인 모두를 피고로 기재해 주어야 하는 점을 꼭 기억해야 합니다.

2) 누수원인이 공용부분에 존재하는 경우

빌라, 아파트와 같은 집합건물에서 누수사고가 발생한 경우, 누수원인이 전유부분에서 비롯되었는지 공용부분에서 비롯되었는지에 대하여 나름의 검토가 필요합니다. 그런데 확인하여 본 결과 누수원인이 공용부분에서 비롯되었다면 그 책임은 입주자대표회의에서 부담해야 합니다.

간혹 공용부분에 대한 책임의 주체를 관리사무소 소장 또는 관리사무소 직원들에게 청구하는 것으로 잘못 이해하고 있는 경우들이 있습니다. 아파트마다 아파트 관리업무를 어떻게 운영하는지에 따라 차이가 존재하기는 하지만, 관리사무소 소장이나 직원의 경우에는 아파트 관리업무를 수행하는 수행자에 불과할 뿐 책임의 주체는 아닙니다.

따라서, 입주자대표회의를 피고로 특정해야 합니다.

|기재례|

피고 송도센트로드입주자대표회의
대표자 박종은
인천 연수구 인천타워대로 323 송도센트로드 관리사무소

피고로 입주자대표회의를 표시하기 위해서는 입주자대표회의의 **정확한 명칭** 그리고 **대표자의 성함**을 알고 있어야 합니다. 대표자는 보통 입주자대표회의의 회장직을 맡고 있는 자를 의미합니다. 위 2가지

정보를 확인하기 위해서 아파트 관리 규약이나, 엘리베이터나 입주민 게시판에 부착되는 공고문 등을 통하여 확인할 수도 있습니다.

그런데 최근에는 개인 정보 보호를 위하여 공고문에도 대표자의 성명이 기재가 안 되어 있는 경우가 많습니다. 그럴 때에는 아파트 관리 사무소에 방문하여 입주자대표회의의 **사업자등록증** 또는 **고유번호증** 사본을 발급하여 주시기를 요청하면 됩니다. 입주자대표회의를 정상적으로 운영하기 위해서는 세무 처리를 해야 하므로 위와 같은 자료들을 가지고 있게 됩니다. 위 자료에 기재되어 있는 정확한 명칭과 대표자의 성명을 활용하여 피고로 특정해야 합니다.

입주자대표회의가 부존재하는 경우에는 어떻게 피고를 특정해야 할까요. 공동주택관리법에 따르면 300세대 이상의 아파트의 경우에는 입주자대표회의를 구성하도록 강제하고 있지만 한편으로는, 300세대 미만 아파트의 경우에는 입주자대표회의 구성이 필수가 아니므로, 300세대 이하 아파트나 빌라의 경우 입주자대표회의가 부존재하는 경우가 존재합니다.

| 판례의 태도 |

집합건물법에 의한 집합건물의 관리단은 어떠한 조직 행위가 없더라도 구분소유자 전원을 구성원으로 하여 구분소유 건물 및 그 대지와 부대시설의 관리에 관한 사업의 시행을 목적으로 하는 구분소유자 단체로서 당연히 성립되는 것이고, 그 관리단이 실제로 조직되어 자치적

관리를 시작한 이상 구분소유 건물의 관리에 관한 권한 및 책임은 종국적으로 동 관리단에 귀속된다. 만일 관리단이 그의 재산으로 채무를 완제할 수 없는 때에는 같은 법 제27조 제1항에 의하여 구분소유자는 규약으로써 그 부담 부분을 달리 정하지 않는 한 그가 가지는 전유부분의 면적의 비율에 따라 결정되는 공유지분의 비율로 관리단의 채무를 변제할 책임을 진다. (대법원 1997. 8. 29. 선고 97단19625 판결)

위와 같이 판례에 태도에 비추어 볼 때, 입주자대표회의가 구성되지 않았다면 부득이하게 구분소유자 전체를 피고로 특정해야 합니다.

보통 빌라의 경우에는 대부분 입주자대표회의가 구성되어 있지 않으므로, 구분소유자들을 모두 피고로 넣게 됩니다. 간혹 빌라에서 입주민들로부터 관리비를 징수하는 총무업무를 수행하는 경우가 있는데요. 총무라 하더라도 입주자대표회의의 대표자는 아니므로 여전히 구분소유자 전체를 상대방으로 특정해야 합니다.

3) 누수원인이 불분명한 경우

누수소송에서 대부분의 사건이 누수원인이 다소 불분명한 경우가 많습니다. 또는 누수원인이 위층 세대의 전유부분에서 존재할 가능성과 공용부분에서 존재할 가능성이 모두 존재하는 경우가 있을 수 있는데요. 그런 경우 피고로 윗집의 소유자와 입주자대표회의를 모두 특정해야 합니다.

기재례

피고1 홍길동 (991231-1234567)

인천 연수구 인천타워대로 323 송도센트로드A동 1902호

피고2 센트로드 입주자대표회의

대표자 홍길동

인천 연수구 인천타워대로 323 송도센트로드 A동 관리사무소

위와 같이 피고 전유부분의 책임자인 위층 세대 소유자와 공용부분의 책임자인 입주자대표회의를 모두 피고들로 특정해서 기재해야 합니다.

4) 점유자(세입자)에게 책임을 물어야 하는 경우

누수사건은 대부분은 민법 759조 공작물 책임을 부담시키고 있습니다. 공작물책임을 구조를 살펴보면 공작물의 하자로 인하여 손해가 발생한 때에는 점유자가 책임을 부담하고 점유자가 손해방지에 주의 의무를 다한 경우 소유자가 책임을 부담한다고 규정되어 있습니다.

그러니깐 누수사건에서, 윗집에 세입자가 살고 있다면 혹시 세입자가 책임을 부담해야 하는 것은 아닌지 고민해 볼 여지가 생기게 되는 것이죠. 소유자가 직접 거주할 경우 소유자가 점유자이자 소유자이므로 이런 고민을 할 필요가 없습니다.

그럼 점유자가 책임을 부담하기 위한 요건으로 손해방지에 필요한

주의 의무를 다하였는지 여부에 대해서 고민을 해 봐야 하는데요. 많은 양의 누수사건을 수행하면서 살펴본 바에 따르면, 대체로 점유자와 소유자 중 누구의 책임으로 될 것인지에 대해서는 대체로 **누수원인이 발생한 부분이 육안으로 관찰이 비교적 용이한 부분**인지에 따라 판단을 하는 것으로 보입니다.

> 판례의 태도

싱크대 하부 주름관에서 발생한 누수사건과 관련하여, 점유자에게 책임을 부담하면서 "피고가 싱크대 아래 문을 열기만 하면 이 사건 하부 너트 부분에서 누수가 발생하고 있음을 쉽게 확인할 수 있었고, 이 사건 교체 작업을 직접 의뢰한 피고 외에는 이를 확인하리라 기대할 만한 다른 사람도 없었다, 피고가 이 사건 교체 작업 이후 장기간 집을 비웠다는 등의 사정만으로 곧바로 피고가 이 사건 교체 작업으로 인한 손해방지에 필요한 주의를 해태하지 않았다고 보기도 어렵다."(인천지방법원 2024 . 3. 28. 선고 2022나34311 판결 참조)

위와 같이 점유자인 세입자가 쉽게 육안으로 확인이 가능한 부분에서 발생한 하자에 대해서는 세입자, 그러니까 점유자에 대해서 책임이 존재한다고 판단을 하고, 육안으로 쉽게 관찰하기 어려운 부분에서 발생한 하자에 대해서는 대체로 소유자에게 책임을 부담시키는 경향이 있는 것으로 보입니다.

예를 들어, 직수(상수), 온수, 난방배관에서 누수가 발생한 경우, 화장실 또는 발코니 방수층이 훼손된 경우들과 같이 육안으로 쉽게 확인하기 어려운 곳에서 누수가 발생한 경우에는 대체로 소유자의 책임으로 귀결되는 것으로 보입니다.

반면, 위 판례와 같이 싱크대 하부의 주름관에서 문제가 발생한 경우, 육안으로 쉽게 관측이 가능한 수전에서 문제가 발생한 경우, 세입자가 사용하기 위하여 설치한 연수기나, 음식처리시설 등에서 누수가 발생한 경우에서는 대체로 세입자, 점유자가 책임을 부담하는 것으로 보입니다.

이렇게 점유자가 책임을 부담할 것으로 예상되는 경우 또는 세입자가 소유자가 서로 책임을 떠넘기면서 분쟁이 생긴 경우에는 부득이 점유자와 소유자를 모두 피고로 특정하여 소를 제기하는 것을 고민해 보아야 할 것입니다.

기재례

피고1 점유자 (991231-1234567)
인천 연수구 인천타워대로 323 송도센트로드A동 1902호
피고2 소유자 (001231-1234567)
인천 연수구 센트럴로 313 송도씨워크인한라

청구취지 작성

원고와 피고를 누구로 할지 당사자표시를 하였다면, 다음으로 청구취지를 작성해야 합니다. 청구취지는 **이 사건 소를 통하여 원고가 피고에게 원하는 바**를 기재하는 것인데요. 누수사건에서 보이는 가장 전형적인 유형의 청구취지 예시는 다음과 같습니다.

청구취지 예시

1) 피고는 원고에게 금 1,000,000원 및 이 사건 소장부본 송달일 다음 날부터 다 갚는 날까지 연 12%의 비율에 의한 돈을 지급하라.
2) 피고는 인천 연수구 인천타워대로 323 송도 센트로드 A동 1902호 공용화장실에 대하여 방수공사를 이행하라.
3) 소송비용은 피고의 부담으로 한다.
4) 위 제1항은 가집행할 수 있다.

라는 판결을 구합니다.

위와 같은 내용들이 일반적인 청구취지의 모습입니다. 먼저 청구취지 1항을 살펴보면, 피고에게 금전배상을 요구하는 내용입니다. 피고에게 얼마를 청구할지는 사건마다 다를 수밖에 없습니다. 우리 책에서 **손해배상의 범위**에 대해서 설명하였던 내용들을 참조하여, 피고에게 청구해야 할 금액이 구체적으로 얼마인지를 기재하게 됩니다.

일반적으로 누수로 인하여 인테리어 보수 공사가 필요하므로, 보수 공사비용 그리고 물품이 훼손된 경우 그에 대한 손해 등을 모두 합산한 금액을 기재하게 됩니다. 현재 청구취지를 작성하는 단계에서는 구체적인 인테리어 보수 공사비용에 대해서 판단하기 어려우므로, 주변 인테리어 업체를 통하여 견적서를 받고 해당 견적 내용을 참고하여 인테리어 보수 비용을 산정하거나, 아니면 **일부청구**로써 대략적인 금액을 기재하고 추후에 청구취지를 변경하는 방법이 존재합니다.

청구취지 2항은 **누수방지이행공사명령**에 대한 내용입니다. 누수사건의 경우 상대방으로 손해배상금액을 지급받는 것도 중요하지만 추가적인 누수피해를 방지하기 위해서 누수원인을 제거하는 것이 무엇보다 중요합니다.

위 예시는 이해하기 쉽도록 기재하였지만, 누수방지이행 공사명령을 청구하기 위해서는 상당히 구체적으로 청구취지를 기재해야 합니다.

판례의 태도

대체적 작위의무로서 누수방지 공사의 이행을 구하려면, 피고가 의무의 내용을 명확히 알 수 있고 집행에 의문이 없도록 공사할 지점과 그 면적, 누수방지공사의 소재, 소재의 시공 방법, 시공기간, 공정수선 등을 기재하여 그 내용을 명확하고 구체적으로 특정하여야 한다. 그런데 원고의 누수방지공사 청구취지만으로는 누수방지 공사를 구하는 부분이나 공사 방법 등이 집행이 가능할 정도로 구체적으로 특정되었다고 볼 수 없다.(창원지방법원 진주지원 2022. 9. 27. 선고 2021가합 11285 판결 참조)

위 판례에 태도에 따라 누수방지공사 이행명령을 청구하기 위해서는 상당히 구체적으로 특정이 필요합니다. 그런데 사건마다 누수 지점도 다르고, 누수원인도 다르고, 이를 보수하는 방법도 다를 수밖에 없습니다. 그렇기에 보통은 감정을 통하여 누수원인을 확인하고 이를 보수하는 방법도 확인한 다음 이를 바탕으로 누수방지공사이행명령을 청구하게 됩니다.

따라서, 누수방지공사이행명령과 관련해서 아직 누수원인이 명확히 확인되지 않은 상태이거나, 누수원인을 알고 있지만 어떻게 고쳐야 할지 정확히 알지 못하는 상태라고 한다면 일단은 처음 소장에서는 제외시켰다가, 추후 감정을 통하여 이러한 내용들이 확인되면 그때 청구취지를 변경하여 청구하는 방법을 추천드리고 싶습니다.

청구취지 3항은 소송비용에 대하여 패소자인 피고가 부담하게 해 달라는 내용의 취지인데요. 소송비용에 대해서 청구취지에 기재하지 않는다고 하더라도 재판부가 판단을 해 주게 됩니다. 보통의 경우 위에서 작성한 예시와 같이 피고의 부담으로 해 달라는 취지로 기재를 하게 되는데요. 승패율에 따라 소송비용에 대해서 원고와 피고가 몇 대 몇으로 부담할지 재판부가 추후 재량에 따라 결정하게 됩니다.

마지막 청구취지 4항은 제1항과 관련하여, 만약 원고가 승소판결을 받게 되면 판결이 확정되기 전이라도 가집행을 할 수 있도록 판결문에 기재해 줄 것을 요청하는 내용입니다. 우리가 판결을 받는 이유는 결국 상대방이 임의로 이행을 하지 않을 때에 강제집행을 하기 위해서인데요. 강제집행을 하기 위해서는 판결이 **확정**되어야 합니다. 판결이 확정된다는 것은 판결 이후에 원고와 피고가 모두가 항소 또는 상고를 하지 않아야 합니다. 원피고가 모두 불복하지 않고 항소 또는 상고 기간이 도과한 경우 판결이 확정되게 됩니다.

그런데 미리 청구취지에 가집행을 구하게 되면, 판결이 확정되기 전에 가집행에 의해서 강제집행이 가능해진다는 이점이 있습니다. 다만, 보통의 경우에는 가집행 부 판결문을 선고받는다고 하더라도 강제집행을 하는 것은 다소 번거로운 일이고, 추가적인 소송비용이 들어가는 경우가 많으므로, 가집행을 진행하기보다는 판결이 확정된 이후 상대방이 임의로 이행하는 것을 기대하는 경우가 더 많은 것 같습니다.

이렇게 청구취지의 전체적인 틀을 살펴보았는데요. 누수사건의 경우 당사자를 윗집의 소유자로 할지 아니면 입주자대표회의를 함께 넣을지 등 사건의 특수한 상황에 따라 청구취지도 세밀한 부분에서는 달라져야 합니다.

1) 원고가 1명이고 피고도 1명일 경우

누수피해가 발생한 원고세대의 소유자가 1명이고, 누수원인을 제공한 가해세대의 경우에도 소유자가 1명인 경우가 여기에 해당합니다. 이 경우 앞서 보여 드렸던 청구취지의 예시처럼 기재하는 것으로 충분합니다.

청구취지 예시

(원고가 1명이고, 피고 역시도 윗집 소유자 1명 또는 입주자대표회의만을 피고로 할 경우)

① 피고는 원고에게 금 1,000,000원 및 이 사건 소장부본 송달일 다음 날부터 다 갚는 날까지 연 12%의 비율에 의한 돈을 지급하라.

…. 이하 생략….

2) 원고가 1명이고 피고가 2명일 경우

원고가 1명인데 피고가 2명인 경우를 생각해 볼 수 있습니다. 먼저 피고가 2명인 원인으로 피고세대 소유자가 부부 공동명의로 되어 있는 경우를 생각해 볼 수 있습니다. 이런 경우 전체 손해를 100이라고 생각했을 때, 피고들의 소유지분에 따라 100을 분할해서 청구취지를 기재해야 합니다.

청구취지 예시 (1)

① 피고A는 원고에게 50만 원 및 이 사건 소장부본 송달일 다음 날부터 다 갚는 날까지 연 12%의 비율에 의한 돈을 지급하라.
② 피고B는 원고에게 50만 원 및 이 사건 소장부본 송달일 다음 날부터 다 갚는 날까지 연 12%의 비율에 의한 돈을 지급하라.

위 청구취지는 예시는 원고의 손해가 100만 원이라 가정하고, 피고들의 지분비율이 50%씩 갖고 있는 경우를 가정하여 작성한 것이다. 만약 피고A가 40%의 지분을 피고B가 60%의 지분을 갖고 있다. 피고A는 원고에게 40만 원을, 피고B는 원고에게 60만 원을 지급하라는 내용의 청구취지를 작성해야 한다.

다만, 여기서 **주의할 점**이 있습니다. 보통 공동명의로 되어 있는 경우, 대부분 부부가 공동명의를 하고 있는 경우가 많습니다. 그렇다 보니 어차피 부부는 함께 책임져야 하는 것 아니냐 하면서, 다음과 같이 청구취지를 작성하는 경우가 존재합니다.

청구취지 예시 (2)

피고들은 공동하여 원고에게 100만 원 및 이 사건 소장부본 송달일 다음 날부터 다 갚는 날까지 연 12%의 비율에 의한 돈을 지급하라.

이렇게 부부 공동명의로 되어 있다는 것을 확인했는데요. 이를 무시하고, 부부는 한몸과 다름이 없으니깐 부부가 함께 **공동하여** 책임을 부담해야 한다는 의미로 청구취지를 작성하는 경우가 있습니다. 그러나, 피고들의 책임 범위는 지분 비율에 따라 한계가 명확히 존재하는 것이므로, 위와 같은 청구취지를 작성해서는 안 됩니다.

위와 같이 청구취지를 사용하게 되면 몇 가지 문제가 있게 되는데, 판사 입장에서는 부부 공동명의로 되어 있는 게 맞는데 왜 **공동하여**라고 청구하는지가 이해가 되지 않으며, 나아가 결국 지분 비율을 벗어난 청구에 대해서는 패소가 되는데, 그럼 패소부분만큼 추후 소송비용을 정산하는 데 손해가 발생할 수밖에 없습니다. 따라서 부부들 공동명의인 경우 지분 비율에 따라 책임 범위를 명확히 분별하여 기재하여야 합니다.

누수원인이 불분명하거나 **누수원인이 전유부분과 공용부분이 경합된 경우**에도 피고가 2명이 될 수 있습니다. 이런 경우 보통 위층 소유자를 피고1로 특정하고, 입주자대표회의를 피고2로 특정하는 경우가 많습니다. 이런 경우 대체로 피고들 간의 책임을 **공동하여**로 기재하는 경우가 많습니다.

청구취지 예시 (2)

피고들은 공동하여 원고에게 금 1,000,000원 및 이 사건 소장부본 송달일 다음 날부터 다 갚는 날까지 연 12%의 비율에 의한 돈을 지급하라.

우리 민법 760조 제2항을 살펴보면, 공동 아닌 수인의 행위 중 어느 자의 행위가 그 손해를 가한 것인지를 알 수 없는 때에도 전항과 같다고 규정하고 있어, 공동불법행위책임을 인정하고 있는데요. 누수원인이 위층 세대 전유부분과 공용부분의 하자가 경합되어 피해가 발생한 경우, 누수피해에 대하여 정확히 윗집에서 어느 정도의 물이 떨어져서 어디 부분을 피해를 입힌 것인지, 반대로 공용부분의 하자가 어느 정도의 물이 떨어져서 피해를 입힌 것인지를 명확히 구분할 수 없다는 특징이 있습니다.

원칙대로라고 한다면 피해자 입장에서 이러한 공동불법행위자에 대하여 과실 비율을 정확히 특정하여 청구해야 하겠지만 현실적으로 그런 것이 어렵기 때문에 이럴 때에는 민법 760조 제2항에 따라 양측 모두 공동불법행위자로서 책임을 부담하라는 취지입니다.

피고들 간의 책임을 **공동하여**로 청구하게 되면, 원고 입장에서는 판결 이후 양쪽 모두에게 강제집행을 할 수 있습니다. 그러니깐 피고들 중 집행이 쉽거나 자력이 충분한 당사자에게 모든 손해를 청구할 수 있다는 이점이 존재합니다. 만약 이런 원고의 청구에 공동불법행위자 1인이 모든 배상을 하였다면, 다른 공동불법행위자에 대해서 그 책임 비율만큼 구상금을 청구할 수 있다 할 것입니다.

따라서 이런 경우에는 피고들 간의 책임 비율을 명확히 구분하지 않고 **공동하여** 원고에게 배상책임을 부담하라는 취지의 청구취지를 작성하게 됩니다.

3) 원고가 공동명의이고 피고가 한 명인 경우

원고가 공동명의로 되어 있는 피고 위층 소유자가 1명인 경우를 생각해 볼 수 있다. 이 경우에도 원고의 소유에 대해서 원고들이 자신이 가지고 있는 지분 비율에 맞춰 청구를 해야 한다. 원고의 손해가 100이라고 가정하고, 원고들의 지분 비율이 각 50%인 경우

청구취지 예시

피고는 원고A에게 50만 원 및 이 사건 소장부본 송달일 다음 날부터 다 갚는 날까지 연 12%의 비율에 의한 돈을 지급하라.

또는

피고는 원고들에게 각 50만 원 및 이 사건 소장부본 송달일 다음 날부터 다 갚는 날까지 연 12%의 비율에 의한 돈을 지급하라.

4) 피고들이 점유자와 소유자 간의 관계일 때

누수소송에서 대부분 민법 758조 공작물 책임에 근거하여 상대방에게 책임을 청구하게 되는데, 공작물 책임의 법률 조문상 1차적으로 점유자가 책임을 부담하고 2차적으로 소유자가 책임을 부담하는 구조로 되어 있습니다.

앞서 당사자 표시에서 언급한 바와 같이 점유자가 책임을 져야 할지 소유자가 책임을 져야 할지는 대체로 누수원인이 비교적 관찰하기 쉽거나 관리가 용이한 부분에서 발생하였는지 여부에 따라 결정되는데,

누수원인에 대해서 확인이 어렵거나 점유자 또는 소유자가 누수원인에 대해서 서로에게 책임을 미루는 경우, 또는 원인에 대해서 구체적인 정보를 제공하지 않는 경우 어쩔 수 없이 점유자와 세입자를 모두 피고로 함께 소를 제기하는 것을 고민해 볼 수밖에 없습니다. 그럴 경우 청구취지는 아래와 같이 기재할 수 있습니다.

> 기재례

(주위적 청구취지)
피고 점유자는 원고에게 금 1,000,000원 및 이 사건 소장부본 송달일 다음 날부터 다 갚는 날까지 연 12%의 비율에 의한 돈을 지급하라.

(예비적 청구취지)
피고 소유자는 원고에게 금 1,000,000원 및 이 사건 소장부본 송달일 다음 날부터 다 갚는 날까지 연12%의 비율에 의한 돈을 지급하라.

위와 같이 주위적 청구와 예비적 청구를 구분해서 청구취지를 작성할 수 있습니다. 주위적 청구와 예비적 청구는 판단에 있어서 순서를 붙이는 것인데요. 위와 같이 청구취지를 기재하는 경우 판사에게 일단은 주위적 청구취지를 먼저 판단해 주고, 만약 주위적 청구취지를 인용하기 어렵다면 그다음으로 예비적 청구취지를 인정해 달라는 뜻입니다.

누수사건의 경우는 민법 758조가 1차적으로 점유자에게 책임을 묻고 2차적으로 소유자에게 책임을 묻도록 되어 있으므로, 주위적 청구취지로 점유자가 책임이 있는지를 판단을 해 보고, 만약 점유자의 책임이 부존재하다고 하면 다음으로 민법 758조의 조문 구조처럼 소유자에 대한 책임을 판단을 해 달라는 뜻으로 이해할 수 있습니다.

5) 피고들이 점유자, 소유자 그리고 입주자대표회의로 구성되는 경우

마지막 유형은 다소 복잡할 수 있습니다. 누수원인이 공용부분인지 전유부분인지 확실하지 않은 경우나, 누수원인이 공용부분과 전유부분 모두에 존재하여 부득이 위층 소유자와 입주자대표회의를 함께 기재하는 경우인데요.

그런데 여기서 나아가서 위층에 하필 세입자가 거주하고 있고, 세입자인 점유자의 책임이 존재할 가능성까지 있을 경우, 최소한 3명 이상이 되는 피고들 간의 청구취지를 어떻게 기재할 것인지 고민될 수 있습니다.

기재례

(주위적 청구취지)

피고 점유자와 입주자대표회의는 공동하여 원고에게 금 1,000,000원 및 이 사건 소장부본 송달일 다음 날부터 다 갚는 날까지 연12%의 비율에 의한 돈을 지급하라.

(예비적 청구취지)

피고 소유지와 입주자대표회의는 공동하여 원고에게 금 1,000,000원 및 이 사건 소장부본 송달일 다음 날부터 다 갚는 날까지 연12%의 비율에 의한 돈을 지급하라.

일단 앞서 점유자와 소유자를 모두 피고로 넣을 때처럼 일단 주위적 청구취지와 예비적 청구취지를 구분해서 작성하는 것이 일반적입니다.

한편, 입주자대표회의는 공용부분의 하자가 존재할 경우 책임의 당사자이므로 점유자와 함께 책임을 부담할 수도 있으며, 소유자와 함께 책임을 부담하게 되는 경우도 존재하게 됩니다. 따라서 주위적 청구취지에서는 점유자와 **공동하여** 책임을 부담하도록 청구취지를 기재하고, 예비적 청구취지에서는 소유자와 **공동하여** 책임을 부담하도록 위와 같이 기재할 수 있습니다.

앞서 설명드린 바와 같이 이런 경우 **공동하여**라고 청구하는 원인은 공동불법행위책임이 될 것입니다. 이는 청구원인 부분에서 판사의 이해를 돕기 위하여 설명해야 합니다.

위와 같이 누수사건에서 가장 많이 문제가 되는 5가지 유형에 따른 청구취지 기재 방법과 기재례를 살펴보았습니다. 모든 누수사건이 위 5가지의 유형에 해당한다고 볼 수는 없습니다. 사건들마다 특이사항들이 존재하고, 등장하는 당사자들도 다 다를 수 있기 때문입니다.

또한, 법리적인 구성을 어떻게 하느냐에 따라 청구취지를 달리 기재될 수 있습니다. 복잡하지 않은 사안의 경우에는 위 청구취지를 참고하시고, 위 5가지 유형에 해당되지 않거나 특이사항이 존재하는 경우에는 청구취지에 대하여 작성하기 전 꼭 전문가의 의견을 구하는 것을 추천드리고 싶습니다.

간혹 청구취지의 중요성을 간과하고 원피고 당사자를 제대로 특정하지 않거나, 금액을 너무 터무니 없이 청구하는 경우들이 존재합니다.

특히 누수사건에 있어서 주변의 변호사나 법무사분들의 상담을 받다 보면, 어차피 누수사건은 판사가 감액을 하니까 그걸 감안해서 처음에는 많이 청구를 해야 한다는 식의 의견을 제시받는 경우도 있습니다.

그러나, 판사들도 왜 그러한 금액을 청구하는지를 유심히 살피기 때문에 무턱대고 금액을 올려서 청구하는 것은 바람직하지 않습니다. 무리한 청구는 패소가 되고, 패소 부분은 추후 소송비용을 정산하는 데 있어 불이익이 되기 때문입니다.

청구원인

 청구취지를 작성한 다음으로는 청구원인을 작성해야 합니다. 청구원인을 작성하는 방법이냐 양식 같은 것이 정해져 있는 것은 아닙니다. 그러나 청구원인을 통해서 대체로 어떤 사실관계가 존재하는지 그로 인하여 내가 어떤 법리에 따라 청구를 하는지를 기재한다고 이해할 수 있습니다.

 사건들마다 그리고 변호사들마다 청구원인을 기재하는 스타일은 다 다릅니다. 그러나, 본 변호사가 수백 건의 누수소송을 진행하면서 여러 재판부들과 함께 소송을 진행하면서 다음과 같은 내용들이 누수소송에서는 청구원인에 반영될 필요성이 있는 것으로 정리할 수 있었습니다.

 청구원인에서 판사들이 궁금한 내용들이 제대로 기재되어 있지 않으면, 보정명령이나 석명 등을 통하여 누락된 사실관계나 법리에 대해서 주장을 해 줄 것을 요청받게 되는데요. 수많은 판사들로부터 받은 보정명령과 석명 등을 반영하여 아래와 같은 청구원인의 항목들은 가능하면 기재하는 것이 좋다고 판단할 수 있었습니다.

1) 당사자의 지위
2) 누수사건의 개요(발단)
3) 구체적인 누수피해(증거 설명)
4) 예상되는 누수원인
5) 손해배상 금액
6) 피고의 법리적 책임

위와 같은 내용들이 청구원인 기재가 되는 것이 바람직합니다. 가능하다면 순서도 위 목차의 순서를 따라 준다면 판사 입장에서도 사건을 이해하는 데 도움을 받을 것입니다.

당사자의 지위

"당사자의 지위"라고 목차를 잡아도 되고 "당사자의 관계"라고 표시해도 무방합니다. 청구원인에서 대체로 첫 번째 항목으로 기재하는 부분이며, 원고와 피고는 누구인지에 대하여 간단하게 설명하는 부분입니다. 이를 통해서 판사가 손쉽게 원고와 피고의 관계가 무엇인지를 쉽게 이해할 수 있습니다.

기재례

원고는 인천 연수구 인천타워대로 323 송도센트로드 A동 1902호의 소유자입니다. 한편, 피고1은 위 같은 건물 같은 동 2002호의 소유자입니다. 피고2는 위 건물의 입주자대표회의입니다.

위와 같이, 보통 누수사건에서 원고는 누수피해 부동산의 소유자인 경우가 많으므로, 누수피해 발생 부동산의 주소와 해당 부동산의 소유자임을 설명하게 된다. 피고 역시도 원고와 같은 건물의 직상층 부동산의 소유자이거나, 입주자대표회의에 해당한다는 점을 간단히 기재하면 된다.

만약 피고들 중 세입자가 존재한다면 이에 대하여 특정 피고가 세입자이고 현재 점유자에 해당한다는 점을 함께 설명해 주면 된다.

누수사건의 개요(발단)

이 사건의 등장인물이 누구인지에 대하여 설명이 끝났다면 다음으로 대략적인 줄거리에 대해서 설명하는 것을 추천드리고 싶습니다.

누수사건의 개요는 다음과 같은 내용들과 순서에 따라서 정리하면 사건을 처음 접하는 판사 입장에서는 사건을 파악하는 데 도움이 됩니다.

1) 언제 처음 누수피해가 발생하였는지
2) 그 후 어떠한 조치들을 취하였는지
3) 누수원인과 관련하여 밝혀진 사실들이 존재하는지
4) 그럼에도 소송을 제기하게 된 이유는 무엇인지

그런데, 이 책을 읽고는 독자들이라면 지금 누수소송을 준비하거나 상당히 많은 고민을 하고 있으리라 생각이 됩니다. 그런 상황에서 누수사건의 개요를 기재하기 시작하면 꽤나 상세하고 구체적으로 기재하는 경우들을 종종 보게 되는데, 구체적이고 상세한 것이 나쁘다는 것은 아니지만 너무 사실관계가 장황해지면 논점이 흐려지는 경우가 있기에 이는 주의해야 합니다.

소장을 읽고 있는 판사는 이 사건을 경험한 당사자는 아닙니다. 그러므로 사실관계를 자세하게 기재하는 것은 분명 중요한 것은 맞습니다. 그러나, 판사 입장에서는 너무 장황한 사실관계는 집중력을 흐트러뜨리고, 다 읽고 나서도 그래서 이 사건에서 원고가 문제 삼고 싶어 하는 사실은 무엇이지?라는 의문이 든다면 그것은 결국 원고로 손해로 귀결될 수밖에 없습니다.

누수사건으로 인하여 그동안 상대방과 경험하였던 갈등 그리고 너무나 억울하였던 일들에 대해서는 너무나도 공감하는 바입니다. 그러나 소장을 작성하는 시점에서는 다소 냉정해지시기를 이 항목에서 당부드리고 싶습니다.

누수사건의 개요가 너무나 길고 장황해지면 추후 소송 절차를 진행하면서 불필요한 쟁점에 휩싸이는 경우가 많습니다. 잘 기억하자! 우리는 누수소송을 하고 있으며, 누수소송은 보통의 경우 민법 758조의 따른 공작물책임을 부담시키는 경우입니다. 즉 가장 중요한 것은 공작물의 하자가 존재하는지 여부이지. 피고가 나에게 기분 나쁜 문자를 보낸 사실이 있냐 없냐가 아닌 것입니다.

나중에는 공작물의 하자가 존재하는지에 대해서는 서로 다투지 않고, 누수피해 발생 사실을 통지했는지 안했는지, 그러한 문자를 보냈는지 안 보냈는지, 어느 시점에 물이 샜는지 안 샜는지 이런 부수적인 내용으로 소모적인 공방이 진행되는 경우들이 있습니다.

소송이라는 것은 상당한 시간과 에너지 소모를 필요로 합니다. 내가 활용할 수 있는 시간과 에너지가 무한한 것이 아니라면 선택과 집중이 필요하다고 생각됩니다. 많은 분들께서 그러한 선택을 승패와는 별다른 연관이 없는 사실관계에 집중하고 에너지는 낭비하는 것을 보게 되면 참으로 안타까운 생각이 듭니다.

따라서 앞서 설명드린 4가지의 사실관계를 위주로 누수발생 개요를 정리해 보는 것을 추천드리고 싶습니다.

누수사건의 개요

1) 2024년 12월경 원고 소유 부동산 거실 천장에서 갑자기 누수피해가 발생하였습니다. 거실 천장에서 갑자기 물이 쏟아지기 시작하였고, 바닥 면에까지 많은 양의 물이 흘러내렸습니다.
2) 원고는 곧바로 관리사무소에 연락하여 문제 상황을 통보하였고, 관리사무소는 피고세대를 방문하여 원인을 탐지하였습니다.
3) 이후, 원고와 피고가 합의하에 A 누수탐지업체를 불러, 피고세대에 누수원인이 존재하는지 검사를 하였습니다. 탐지업체는 피고세대의 화장실 방수층이 의심된다는 소견을 제시하였으나, 피고

는 이를 수용하지 않았습니다.

4) 원고는 피고에게 수차례에 화장실 방수층을 보수할 것을 요청하였으나, 피고의 소극적인 태도로 인하여 원고세대에 계속적인 누수피해가 발생하였습니다. 이에 원고는 본 소를 제기하기에 이르렀습니다.

구체적인 누수피해 설명

위와 같이 누수사건이 일어나게 된 시점과 그 경과에 대하여 개요를 설명하였다면, 다음으로는 구체적인 피해 내역에 대해서 설명하는 것을 추천드리고 싶습니다. 본 항목을 통해서 현재 소장을 작성하는 시점에서 누수피해 범위를 특정하고 피해 내역을 특정할 수 있겠습니다.

구체적인 누수피해를 설명하기 위해서 필자는 평면도와 사진 자료들을 활용하고 있습니다.

가능하다면 평면도에 누수피해 부분을 표시하여 청구원인 반영하는 것을 추천드리고 싶습니다.

평면도 기재 예시

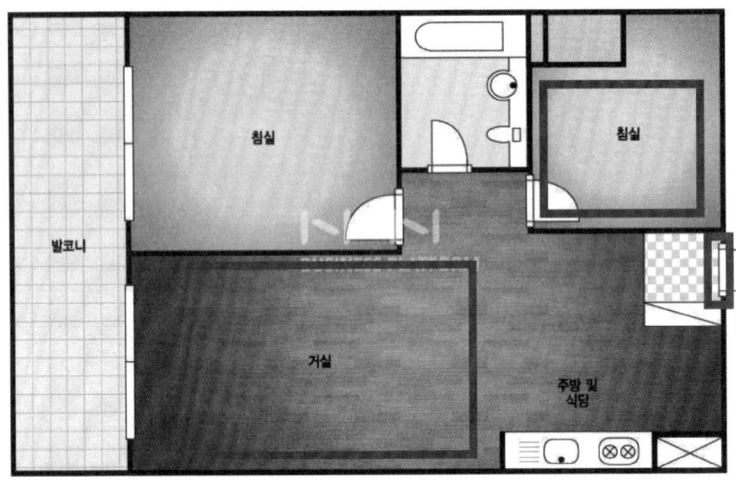

1) 누수피해는 현재 위 평면도에 빨간색 실선으로 표시된 부분에 집중되고 있습니다. 최초 누수피해는 위 평면도의 우측 상단의 작은 방에서 시작되었으며, 손해 범위가 점차 확산되어 평면도상 거실과 현관 출입문 상단에까지 확산되었습니다.
2) 누수피해 장소에 따른 피해 현황을 사진 자료로 제출하며, 사진 자료에 대한 구체적인 설명은 다음과 같습니다.

평면도를 활용하는 것은 아무래도 사건 현장을 방문하지 못하고 글과 사진 자료들로 사건을 파악해야 하는 판사의 이해를 돕기 위해서입니다. 누수피해에 대해서 구체적으로 설명하기 위해서 작은방이나 거실과 같은 지칭들을 사용하게 되는데, 작은방이 여러 개 있을 수 있고, 현장의 상황을 모르는 사람 입장에서는 상상 속으로만 현장 상황을 이해해야 하므로 한계가 존재할 수밖에 없습니다. 평면도에 현재 손해 범위를 표시하면 시각적으로도 빠르게 사건을 이해할 수 있습니다.

다음으로 피해 모습을 촬영한 사진이나 동영상 자료를 증거로 제출해야 합니다. 사진 자료를 아무런 설명 없이 제출하여도 문제가 되는 것은 아닙니다. 그러나, 앞서 언급한 바와 같이 소장을 읽는 판사는 현장을 방문한 적이 없는 사람이므로 아무래도 이해의 한계가 존재할 수밖에 없습니다. 따라서 사진 자료를 다음과 같은 표에 따라 내용을 정리하여 제출한다면 판사의 이해를 도울 수 있습니다.

증거	촬영 장소	촬영 일시	증거 설명
갑제3호증	작은방	2024.12.31.	작은방 천장 누수피해 모습을 촬영한 사진
갑제4호증	거실	2024.12.31.	거실 천장 도배지가 훼손된 모습을 촬영한 사진
갑제5호증	주방	2025.1.10.	주방 바닥에 물이 떨어진 모습을 촬영한 동영상

민사소송에서는 증거를 표시할 때 원고는 갑제1호증, 갑제2호증과 같이 갑제0호증이라는 순서에 따라서 증거를 표시하게 됩니다. 누수피해 사진이나 동영상도 순서에 따라 갑제0호증이라는 순서를 부여하고, 해당 증거가 언제, 어느 부분을 촬영하였고, 해당 증거로 통하여 주장

하는 바가 무엇인지를 기재해 준다면 증거에 대한 이해도가 훨씬 올라갈 것입니다.

간혹 누수사건의 경우 최대한 많은 증거를 내겠다는 취지로 비슷한 사진들을 의미 없이 제출하는 경우들이 있는데, 그런 경우 역시도 판사 입장에서는 집중력이 떨어질 수밖에 없습니다. 누수피해가 점차적으로 확산되었다는 점을 보여 주고 싶다라고 한다면 최초 발생 당시의 누수피해 사진과 현재의 누수피해 사진, 이렇게 2장 정도 제출하는 것만으로도 충분하다고 생각됩니다.

누수피해 사진은 아무래도 누수로 인하여 훼손된 부분이 잘 보이게 촬영을 하다 보니 근접해서 찍게 되는 경우가 많은데 그로 인하여 피해 부분이 전체 부분에서 어느 부분에 해당하는지를 사건 현장을 방문하지 않는 사람 입장에서는 알기가 어렵습니다. 따라서 촬영 장소도 기재해 준다면 이 역시 판사의 이해를 높이는 좋은 정보가 됩니다.

지금 기재하고 있는 구체적인 누수피해 내용이 앞으로 소송에 있어서 기준 되는 사실관계에 해당하게 될 것입니다. 따라서 가능하다면 피해 내역은 빠짐 없이 꼼꼼히 기재하는 것을 추천드리고 싶습니다. 만약 소송이 진행하는 도중에 소장에서 기재하지 않은 부분에서 추가적인 누수피해가 발생하였다는 청구원인변경신청서를 제출하여 추가 피해가 발생하였음을 재판부가 알게 해야 합니다. 그렇지 않고 감정절차를 진행하는 경우에 추가 피해가 발생하였다고 고지하는 경우, 원고가 소장에서 기재하지 않은 내용을 주장하는 것은 피고의 방어권이 보장되지 않는다는 이유로 피고가 감정 항목에서 이를 배제해야 한다고 항변하는 경우들이 있으며, 경우에 따라서 그러한 항변이 받아들여지는 경우도 있으므로, 가능하면 소장에서 최대한 상세히 기술하고, 감정 전에 추가 누수피해가 발생한 경우라면 청구원인변경신청서를 제출하여 누수피해 범위에 대해서는 확실히 주장을 해 놓는 것을 추천드립니다.

예상되는 누수원인

다음으로 원고가 그동안 이 사건 누수피해를 경험하면서 예상하는 누수원인에 대해서 간단히 기재하는 것을 추천드리고 싶습니다. 해당 내용은 당연하게도 판사도 궁금해하는 것이긴 하지만, 판사는 누수탐지와 관련된 전문가는 아니다 보니 해당 내용에 대해서는 그렇게 큰 관심을 갖지 않는 편이기도 합니다.

그러나, 이 내용에 대하여 제일 많은 관심을 가지는 사람은 감정인입니다. 누수사건은 대부분 감정 절차를 진행하는 경우가 많은데, 추후 감정 절차를 진행할 때에 감정인들에게 소장이 제공됩니다. 그렇다면 감정인 입장에서 본인이 맡은 업무에 따라 쟁점이 되는 누수원인이 어디에 존재하는지, 어느 부분을 의심하고, 어떠한 방법들을 수행할지를 고민하게 되는데, 그런 감정인에게 예상되는 누수원인에 대하여 의견을 제시한다면 도움이 될 수밖에 없습니다. 감정인도 이러한 내용을들을 참고하여 감정 절차의 전체적인 방향을 잡게 됩니다.

> 예상되는 누수원인 기재례

원고는 이 사건 누수원인이 피고세대 화장실 방수층의 문제인 것으로 생각하고 있습니다. 그 이유로, 이 사건 누수는 날씨와는 상관없습니다. 비가 오지 않는 날에도 누수피해가 발생하고 있습니다. 또한, 누수피해가 간헐적으로 발생하고, 대체로 피고가 화장실을 사용하게 되면 누수피해가 발생하고 있습니다. 나아가 지난 2024년 12월 31일 피고세대를 방문하였던 누수탐지 업체 역시도 화장실 방수층이 훼손되었을 가능성이 존재한다는 의견을 제시한 바 있습니다.

손해배상 금액

이제 구체적으로 원고의 손해가 어느 정도 되는지 구체적인 금액을 정리해야 합니다. 앞서 본 책에서 정리하여 손해배상의 범위에서 자세히 서술하였습니다. 대체로 인테리어 보수비용, 이사 및 짐 보관비용, 숙박비 등을 일반적으로 청구하게 되고, 가전, 가구 등 물품피해가 있는 경우나, 그 밖의 사건의 특수성들을 감안하여 손해배상금액을 정리하게 됩니다.

손해항목들을 구분하여 해당 항목의 손해가 구체적으로 얼마인지를 설명하고, 다음으로 모든 손해항목을 다 더하여 총 손해항목이 얼마인지를 기재해 주면 됩니다. 여기서 산출한 금액하고 청구취지 1항의 금액이 딱 맞아떨어져야 합니다. 만약 금액 계산이 잘못되어 청구취지1항의 금액과 본 항목의 금액이 다를 경우 재판부에서는 보정명령이나 석명준비명령 등을 통하여 어느 금액이 맞는지 것인지 청구원인을 분명히 하라고 할 것입니다.

한편, 소장을 작성하는 단계에서는 구체적인 손해배상금액을 특정하기가 어렵다는 한계가 분명 존재합니다. 인테리어 업체를 통하여 견적을 받았지만 해당 견적대로 판결을 받는 것은 쉬운 일이 아닙니다. 결국 공사비용에 대해서도 감정 절차를 진행해야 하는데 그렇다면 원고 입장에서는 추후에 감정 절차를 진행하여 구체적인 공사비용이 산정되면 그때 손해배상금액을 정리하고 싶다는 생각을 할 수 있습니다.

그렇다면, 다음과 같이 **일부청구**한다는 뜻을 분명히 기재해 두는 것이 좋겠습니다.

 기재례

원고는 위와 같이 주변 인테리어 업체를 통하여 공사비용으로 약 1,000만 원, 이사 및 짐 보관비용으로 500만 원 숙박비용으로 100만 원의 손해가 발생할 것으로 예상하고 있습니다. 그러나, 이는 원고가 감정을 통하여 정확히 산출한 금액이 아니므로, 추후 감정 절차를 진행하여 구체적인 공사비용이 산정된다면 청구취지를 변경하고자 합니다. 따라서 현 시점에서는 **일부청구**로서 금 100만 원만을 손해배상금액으로 특정하고자 합니다.

이렇듯 추후 청구취지 금액을 증액할 전략으로 소장 접수 시점에서는 일부청구로서 금액을 최소화시켜 소장을 접수시킬 수 있습니다.

일부청구를 하게 되면 혹시 일부청구한 금액만 받는 것이 아닌지 걱정하는 분들도 계시는 것 같습니다. 그러나, 추후 감정 절차를 진행하여 구체적인 보수 공사비용이 산정되면 증액할 것이므로 그러한 걱정은 하지 않아도 됩니다. 그리고, 상대방이 소장을 받고 일부청구한 금액을 준다고 하면서 사건이 마무리되면 어떻게 하냐라고 걱정하시는 분들도 계십니다. 우리가 소장에서 분명히 일부청구한다는 것을 기재하였으므로, 일부청구한 금액은 지급받고 소송 절차가 종결되는 경우는 없습니다. 당연하게도 그렇게 합의해서도 안 될 것입니다. 만약 소장은 받은 상대방이 오해를 하고 일부청구 금액을 줄 테니 소 취하해 달라고 요청한다면, 해당 부분은 일부청구한 것이며, 추후 감정 절차가 끝낸 이후 증액하겠다는 뜻을 분명히 밝히면 됩니다.

일부청구를 하는 경우 소송비용에 있어서도 좋은 선택지가 될 수 있습니다. 누수소송의 경우 대리인을 선임할 경우 변호사보수도 보수지만, 감정비용도 상당히 많이 들어가게 됩니다. 그런데 원고 전부승소 판결을 받지 못하고 일부승소 판결을 받게 된다면, 패소된 비율만큼 소송비용에 있어서 불이익을 감수할 수밖에 없습니다.

예를 들어, 우리가 소장에서 1,000만 원을 청구하였는데 판결로 800만 원을 인정받았다고 하면 승소율은 80퍼센트에 해당하게 됩니다. 그럼 나중에 소송비용에 있어서도 80퍼센트는 피고의 부담으로 20%는 원고의 부담으로 될 가능성이 높습니다. 소송비용이 항상 위 승소비율에 따라 일률적으로 정해지는 것은 아니나 대체로 그렇습니다.

그런데 우리가 처음에는 일부청구로서 500만 원을 청구하다가 감정 이후 800만 원으로 증액하였고, 그대로 800만 원의 판결을 받게 된다면 승소율은 100%에 해당하게 되고, 소송비용도 모두 피고의 부담으로 될 것입니다.

위의 상황들을 생각해 본다면 일부청구의 개념을 적절히 활용한다면 전략적으로 소송비용에 있어서 피고 부담을 늘릴 수 있게 되므로 좋은 선택지가 될 수 있습니다.

피고의 법리적 책임

마지막으로 피고가 책임을 부담해야 하는 법리적 근거를 제시해 주어야 합니다. 판사 입장에서 어떻게 보면 가장 궁금해하고, 가장 중요한 부분이라 생각될 것입니다.

왜 피고들이 원고에게 청구취지와 같은 의무를 이행하는지에 대한 법리적인 설명을 하는 부분으로 이해할 수 있습니다. 피고들이 여러 명일 경우 피고들 각각 부담하는 법리적인 책임은 무엇인지에 대한 설명이 필요하며, 청구취지를 "공동하여"로 작성하였거나, "주위적", "예비적" 청구로 구분하는 경우 그 이유에 대한 설명도 필요합니다.

대체적으로 피고들의 책임에 대해서는 다음과 같은 법리적인 근거를 제시하게 될 것입니다.

피고 유형	책임의 내용
소유자	민법 758조에 따라 공작물의 하자가 존재할 경우 공작물의 소유자로서 책임을 부담하는 당사자
점유자	민법 758조에 따라 공작물의 하자가 존재할 경우 공작물의 점유자로서 책임을 부담하는 당사자
입주자대표회의	공용부분에 하자가 발생한 경우 아파트, 빌라의 경우 집합건물의 소유 및 관리에 관한 법령 및 공동주택법령에 따라 책임을 부담하는 당사자 상가의 경우 집합건물의 소유 및 관리에 관한 법령에 따라 책임을 부담하는 당사자

위와 같이 누수소송에 등장하는 피고들은 위 3가지 유형 중에 하나에 해당할 것이므로 위 내용들을 적절히 활용하여 피고가 어떠한 법리적 이유에서 책임을 부담해야 하는지 설명을 기재해야 합니다.

주의할 점은, 누수소송 소장을 직접 작성하는 당사자분들 중에서 간혹 책임의 근거 법률로 민법 750조 일반불법행위 책임을 기재하는 경우가 있습니다. 물론 민법 750조 불법행위를 기재하는 것이 잘못은 아닙니다. 그러나, 민법 750조는 불법행위 책임이 인정되기 위해서는 행위자의 고의 또는 과실 및 어떠한 위법한 행위가 무엇인지에 대해서 모두 주장하고 입증해야 합니다.

누수사건의 경우 수전을 잘못 건드려서 문제가 발생하는 경우처럼 어떤 행위가 존재하여 그로 인하여 손해가 발생한 경우도 있지만, 대체로 점유자 또는 소유자의 어떠한 행위가 개입하여 문제가 생기기보다는 노후화나 어떠한 우연에 의해서 누수피해가 발생하는 경우가 더욱 많습니다.

예를 들어 바닥에 깔려 있는 난방배관이 터진 경우, 거기서 거주하고 있는 사람이 난방배관을 손으로 만질 수도 없는데도 자연스럽게 사용하다 보면 노후화로 인하여 문제가 생기는 경우가 있는 것입니다. 그렇다면 이는 민법 750조 불법행위책임을 주장을 하게 된다면 주장 자체가 다소 어색해지는 상황이 생길 수밖에 없고, 이에 대해서 면밀하게 심리하려는 재판부를 만난다면 왜 민법 750조를 주장하는지에 대해서 해명 요구를 받을 가능성이 높습니다.

따라서, 위와 같은 내용들을 참고하여 가능하다면 민법 758조에 따라, 그리고 필요한 경우 신중히 고민하여 민법 750조 일반불법행위 책임이 함께 주장하는 것을 고민해 보는 것이 좋겠습니다.

기재례

피고는 누수피해가 발생한 이 사건 부동산의 직상층의 소유자입니다. 이 사건 누수원인은 피고1세대 거실 바닥 면에 설치되어 있는 난방배관이 터져 누수피해가 발생하였습니다. 그렇다면, 민법 758조에 공작물책임에 따라, 소유자인 피고가 원고의 손해에 대하여 배상할 책임을 부담한다 할 것입니다.

피고들 간의 책임을 **공동하여**로 기재하였다면 이에 대해서도 설명이 필요합니다. 보통 **공동하여**로 기재하는 이유는 **민법 760조 제2항의**

공동불법행위를 주장하게 됩니다.

민법 제760조 제2항의 공동불법행위의 경우 과실들이 경합하여 손해가 발생한 것이 불명하나, 과실의 비율을 명확히 따지기 어려운 경우에 해당 조문을 활용하여 가해자들에 대하여 공동불법행위 책임을 부담시키는 규정입니다.

예를 들어 위층 전유부분의 원인과 외벽 공용부분의 원인이 모두 아래층 세대에 작용하여 피해가 발생한 경우를 들 수 있는데, 누수사건의 특성상 위층 전유부분에서 내려오는 물이 양이 정확히 어느 정도이고 그로 인한 손해 범위가 어느 정도인지, 외벽 공용부분에서 들어오는 우수의 양이 정확히 어느 정도이고 그로 인한 손해 범위가 어느 정도인지 알 수가 없기에, 부득이 위 조문을 사용하여 양측에 모두 공동불법행위 책임을 부담시켜야 하는 경우입니다.

이럴 때, 피고들이 전체 손해에 대해서 **공동하여** 책임을 부담하게 되고, 원고 입장에서는 피고들 중 어느 쪽이라도 전체의 손해에 대해서 책임을 요청할 수 있습니다. 그러나 주의해야 할 점은, 그렇다면 양쪽에 중복하여 배상을 청구할 수 있다는 뜻은 아닙니다.

피고들 중 어느 일방이 원고에 대해서 모든 책임을 배상하게 되면, 다른 피고에 대해서 구상금을 청구하게 됩니다. 이때 피고들 간의 과실 비율을 따지게 되고, 비로소 피고들 간의 과실 비율에 대한 판단이 나오게 됩니다.

기재례

　원고 세대 발코니에 천장에 발생한 누수의 원인은 피고1 세대 발코니 코킹 불량과 외벽균열로 인하여 우수가 침투하는 2가지 원인이 모두 존재하고 있습니다. 그러나, 피고1 세대 발코니 코킹 불량으로 침투하는 우수의 양이 어느 정도이고 그로 인하여 어느 정도의 손해 범위가 발생하였는지, 마찬가지로 외벽 균열로 인하여 침투한 우수의 양이 어느 정도 되고 그로 인하여 어느 정도의 손해 범위가 발생하였는지에 대하여 정확히 입증하는 것은 불가능하다 할 것입니다. 그렇다면 민법 제760조 제2항에 따라 피고들은 공동하여 원고에 대하여 공동불법행위자로서 책임을 부담해야 한다 할 것입니다.

기타

입증방법

청구원인에 대하여 모두 마무리가 되었다면 다음으로는 입증방법을 기재해야 합니다. 입증방법에 대한 기재는 어려움이 없습니다. 전자소송을 통하여 소장을 접수하게 되면, 증거를 자연스럽게 업로드하게 되는데 자동적으로 증거 파일이 정리가 되면 갑제1호증부터 순차적으로 정리가 되고 소장에도 알아서 표시가 됩니다.

때문에, 소장 말미에 입증방법으로 따로 기재할 필요는 없습니다. 다만, 청구원인 내용에서 중간중간에 주장에 부합하는 증거가 있다면 이를 표시해 두는 것이 좋습니다,

기재례

원고는 인천 연수 인천타워대로 323 송도센트로드A동 1902호의 소유자입니다. (갑제1호증 부동산등기부등본 참조) 한편, 피고는 위 원고 소유 부동산의 직상층인 2002호의 소유자입니다. (갑제2호증 부동산등기부등본 참조)

2024년 12월 31일 원고세대 천장에서 갑자기 누수피해가 발생하였

고, 누수탐지업체를 섭외하여 피고세대를 확인하여 본 바, 피고 거실 바닥의 난방배관에서 누수피해가 발생하였습니다. (갑제3호증 누수탐지업체 소견서 참조)

이에, 원고는 피고에게 수차례 인테리어 보수 비용을 지급할 것을 요청하였으나, 피고는 법대로 하라며 책임을 회피하였습니다. (갑제4호증 피고와의 문자 메시지 내역 참조)

원고가 확인한 바에 따르면, 원고세대를 수리하기 위해서는 약 100만 원의 인테리어 비용이 발생할 것으로 판단됩니다. (갑제5호증 인테리어업체 견적서)

위와 같이, 청구원인에서 우리가 주장하는 사실에 대하여 뒷받침하는 증거들이 있다면, 주장이 기재되어 있는 문단 말미에 괄호를 이용하여 증거를 표시해 주면, 소장을 읽은 판사 입장에서는 이해가 훨씬 수월합니다. 나아가 어떤 증거들 중에 매우 중요하다고 생각되는 증거가 있다면 소장 본문에 함께 표시해 놓는 것도 좋습니다. 그렇지 않으면 본문을 읽다가 소장의 뒤편에 있는 증거를 찾아서 보고 다시 본문으로 돌아와야 하는데, 본문에 해당 증거 사진이나 내용이 이미 편집되어 들어가 있다면 본문을 읽으면서 자연스럽게 증거도 볼 수 있기 때문입니다.

관할

어느 법원에서 이 사건을 진행할지에 대한 문제가 **관할**이다. 누수소송에서 관할은 크게 3가지로 생각해 볼 수 있습니다.

1) 피고주소지 지역의 관할
2) 원고주소지 지역의 관할
3) 누수피해가 발생한 부동산 소재지 관할

먼저 민사소송법 제2조에 따라 '**소(訴)는 피고의 보통재판적(普通裁判籍)이 있는 곳의 법원이 관할한다.**' 하게 되고, 보통재판적은 **주소**를 의미합니다.

따라서, 피고가 누수피해 발생 부동산의 직상층의 소유자라고 가정할 때, 직접 거주하고 있으면 해당 주소를 직접 거주하지 않고 있으며, 등기부등본상 기재된 주소를 일단 관할로 생각해 볼 수 있습니다.

다음으로, 원고 주소지 지역을 관할법원으로 할 수 있습니다. 민사소송법 제8조에 따라 '**재산권에 관한 소를 제기하는 경우에는 거소지 또는 의무이행지의 법원에 제기할 수 있다.**'고 규정되어 있고, 의무이행지는 채권의 경우 채권자의 주소지가 됩니다. 따라서 누수사건의 경우 원고의 손해배상청구권을 행사하는 것이므로, 원고의 주소지 지역 역시도 관할 법원이 될 수 있습니다.

원고가 누수피해 부동산에 직접 거주하는 경우 피해 부동산 지역 관할법원을, 만약 피해 부동산에 세입자가 거주하고 원고가 다른 곳에 거주한다면 실제 거주하고 있는 지역의 관할 법원을 특정할 수 있습니다.

마지막으로 민사소송법 제20조에 따라 '**부동산에 관한 소를 제기하는 경우에는 부동산이 있는 곳의 법원에 제기할 수 있다.**' 하게 되고 누수피해 부동산의 주소지를 관할 법원으로 할 수 있습니다.

위 내용들을 정리하여 보면, 결국 누수사건은 크게 다음 3가지의 관할을 갖게 되는 것으로 이해할 수 있습니다.

1) 원고가 실제 살고 있는 주소지 관할법원
2) 누수피해 부동산 주소지 관할법원
3) 피고가 실제 살고 있는 주소지 관할법원

위 3개의 관할법원이 모두 같을 수도 있고, 모두 다를 수도 있다. 2개 이상의 관할법원이 존재하는 경우 어느 법원을 특정하여 소를 제기하여도 무방합니다. 향후 재판 절차가 진행될 때 자주는 아니지만 그래도 변론 절차 진행을 위하여 법원을 방문해야 하므로 이동하기 편리한 쪽을 고민하여 관할법원으로 특정하는 것도 좋은 생각입니다.

관할과 관련해서 다음으로 생각할 것이 바로 **시법원**입니다. 만약 누수피해 발생지가 용인인 경우에, 수원지방법원은 용인시도 관할로 하고 있습니다. 그런데, 수원지방법원 용인시법원 또한 존재합니다.

수원지방법원의 홈페이지에 들어가 확인하여 보면 용인시법원은 소액심판사건을 관할로 하고 있다고 명시되어 있습니다. 소액사건은 3,000만 원 이하의 소가를 가지고 있는 사건들을 말하는데, 대부분 아파트나 빌라에서 발생한 누수사건은 3,000만 원 이하의 소액사건에 해당하게 됩니다.

따라서, 이런 경우는 수원지방법원이 아니라 용인시법원에 소장을 제출해야 합니다. 물론 수원지방법원에 잘못 소장을 제출하였다고 해서 곧바로 각하가 되거나 그렇지는 않습니다. 그러나, 보통의 경우 수원지방법원의 재판부에서 왜 수원지방법원을 관할로 하여 제출하였는지 석명을 구하게 되고, 석명에 대해서 제대로 된 답을 하지 못하면 결국 용인시법원으로 이송하게 됩니다. 사건이 이송되게 되면 그 시간이 상당히 오래 소요되기도 합니다.

따라서 실무적으로는 만약 관할을 잘못 지정하여 소장을 접수한 경우라면 이송을 기다리지 않고 곧바로 소 취하한 후 관할법원에 다시 소장을 접수하는 편입니다.

감정이란?

누수소송을 고민하시는 분들이라면 관련해서 인터넷 검색을 하다 보면, 소송에서 승소를 하려면 감정이 필요할 때가 있다는 얘기를 들어보았을 것입니다. 그래서 감정 절차가 중요하다는 것도 알고, 감정비용도 상당한 금액이 필요하다는 것을 알기에, 감정에 대해서 많은 신경을 쓸 수밖에 없습니다.

그런데 감정을 어떻게 하는 건지 구체적인 정보는 인터넷을 뒤져 봐도 잘 나와 있지 않아서 그 중요성과 궁금증을 해결할 만큼의 정보를 얻기는 굉장히 어렵습니다.

감정이란 건설 건축에 대한 전문 지식과 경험을 가지고 있는 사람으로 하여금 일정한 사항에 대한 의견을 구하는 것을 말합니다.

감정이 필요한 이유는 어쩌면 굉장히 명확합니다. 바로 우리 사건을 담당하는 판사가 법률 전문가라 하더라도 누수에 관해서는 전문가는 아니기 때문입니다. 그렇다면 판사의 판단을 도와줄 건축 건설 누수에 대한 전문가의 의견이 절대적으로 필요하게 됩니다.

소송에서 승리하기 위해서는 주장뿐만 아니라 주장을 뒷받침해 줄 증거가 꼭 필요합니다. 이를 **입증**이라고 부릅니다. 감정은 누수사건에서 피해자가 누수원인을 주장하고 이를 **입증**하는 중요한 방법 중에 하나입니다. 때문에 대부분의 누수사건에서 상대방이 누수원인에 대해서 책임이 없다는 취지로 답변하게 되면 감정을 통하여 이를 입증하게 되는 것입니다.

감정신청방법은 전자소송에서 감정신청탭을 통하여 사전에 서면으로, 또는 변론 절차에서 구두로 감정신청을 할 수 있다 그런데 보통 감정사항이 무엇인지 정리하기 위해서는 보통 서면으로 감정신청을 하는 것이 일반적인 모습으로 생각됩니다. 최근에는 종이소송보다는 전자소송을 많이 하게 되므로 전자소송 사이트에 감정신청탭을 통하여 손쉽게 감정신청서를 작성할 수 있습니다.

감정인신청은 언제 할까?

감정신청을 언제 해야 할지에 대하여 시기가 정해져 있는 것은 아닙니다. 원고의 현재 상황과 소송 전략 등을 고려하여 감정신청 시점에 대해서 고민하게 됩니다. 일반적으로는 다음 두 가지의 경우 중에 하나의 시기에 감정신청을 하게 됩니다.

1) 소송제기 시 감정신청서를 동시에 접수하는 경우
2) 피고의 답변서를 확인하고 누수원인에 대하여 책임을 인정하지 않을 경우 감정신청을 하는 경우

소송제기 시 곧바로 감정신청을 작성하는 경우는 상대방의 답변 내용이 이미 어느 정도 예상이 되어 어차피 답변서를 기다린다 하더라도 상대방이 책임을 인정하지 않을 것이 너무나도 명확한 경우입니다. 그런 경우 소장 접수 후 곧바로 감정신청서를 제출하여 조금이라도 빨리 감정 절차를 진행해서 소송 시간을 단축하고자 하는 목적을 가지게 됩니다.

경우에 따라서는, 누수원인이 불분명하여 어차피 감정을 해야 할 것이 예상되는 경우에도 위와 같이 소장 접수 후 곧바로 감정신청서를 제출하게 됩니다. 누수원인 불분명하다는 것에는 여러 상황들이 있지만, 피고들이 협조를 하지 않아 누수탐지조차 하지 못한 경우들을 생각해 볼 수 있는데, 그런 경우에도 어차피 감정 절차를 진행할 것이 예상되므로 소송 시간 절약을 위하여 빠르게 감정신청서를 접수하게 됩니다.

그러나, 우리가 빠르게 감정신청서를 접수하였다고 해서 재판부에서 항상 감정 절차를 빠르게 진행하는 것은 아닙니다. 어떤 재판부는 상대방에게 송달이 되거나, 상대방의 답변서가 들어오는 것을 확인한 다음 감정 절차를 진행하는 경우도 있습니다.

다른 하나는, 일반적으로 상대방의 답변서를 보고 감정신청을 하는 경우입니다. 높은 확률은 아니지만 소제기 전까지 극심한 대립을 한 당사자들이지만 소장을 받은 이후 태도를 바꿔서 책임을 인정하는 사례들도 존재합니다. 그런 경우 불필요하게 누수원인은 감정하는 것은 비용적인 부담도 존재하므로, 혹시 상대방의 태도가 바뀔 수 있다는 가능성을 염두에 두면서 감정신청을 답변서 이후에 진행하는 경우가 존재합니다.

감정신청서의 일반적인 양식은 아래와 같습니다.

> 감정신청서 기재례

감 정 신 청 서

사 건   2024가소123456 손해배상(기)
원 고   홍 길 동
피 고   별 똥 별

위 사건에 관하여 원고의 소송대리인은 다음과 같이 감정을 신청합니다.

감정의 목적

위 당사자 간 귀원 사건과 관련하여, 이 사건 부동산에 발생한 누수원인 및 원고의 손해배상금액을 특정하기 위하여 다음과 같은 감정을 신청합니다.

감정의 목적물

주소지   인천 연수구 인천타워대로 323 송도센트로드 A동 1902호 및 2002호

감정사항

별지를 참조하여 주시길 바랍니다.

31.

원고 홍길동

인천지방법원지원귀중

[별지]

감정할 사항

가. 누수원인과 관련하여

이 사건 감정목적물에 발생한 누수의 원인은 무엇인지

나. 원고의 손해배상금 특정과 관련하여

1) 원고 부동산에 필요한 보수 공사 내역 및 예상되는 보수 공사 비용과 공사기간

2) 이사 및 짐보관 비용, 숙박비용

- 이 상 -

감정신청서는 대체로 위와 같은 항목으로 구성되어 있습니다. 위 기재례는 말 그대로 예시입니다. 앞서 언급한 것처럼 전자소송 사이트에 감정신청 항목이 존재하고, 이미 양식이 갖춰져서 나오기에 해당 양식에 맞춰서 필요한 내용을 위 기재례들을 참조하여 입력하면 됩니다.

위 기재례는 가장 간단한 누수사건에서 사용할 수 있는 감정항목들을 기재한 내용입니다. 현재 필자가 운영하는 법률사무소에서는 위 기재례보다 다소 복잡한 내용들과 의견서를 법원에 제시하고 있습니다. 사건을 진행하면서 결과에 있어서 아쉬움이 존재하는 경우들이 있는데, 이를 다음 사건의 감정신청에 반영하다 보니 감정신청서가 세밀화되고 감정항목도 많아지게 될 수밖에 없었습니다. 해당 감정신청서는 어떻게 보면 많은 소송 경험치가 담겨 있는 영업의 핵심 노하우라 생각될 수 있어 본 서적에서는 죄송하게도 소개할 수 없었음을 양해해 주시면 감사하겠습니다.

감정을 진행하지 않을 수 없을까?

누수소송을 고민하는 많은 당사자분들께서 가장 많이 고민하는 부분이 **감정**을 진행하지 않고 사건을 수행할 수 있지 않을까 하는 것입니다.

여기에 대한 답을 먼저 드리자면, '**그럴 수 있다**'입니다. 그렇지만 누수사건에서는 대체로 감정 절차가 진행되는 경우가 많습니다. 가장 큰 이유는 상대방이 누수원인에 대한 책임을 부인하기 때문입니다.

책임을 부인할 경우, 공작물의 하자가 피고세대 전유부분에 존재한다는 사실에 대한 **입증책임**이 원고에게 있습니다. 원고는 이러한 사실을 입증하고자 감정을 신청하거나 증거를 제출하여야 합니다.

그러나, 우리가 누수사건에서 제시할 수 있는 증거들에는 한계가 존재합니다. 대체로 피해자인 원고입장에서 수집할 수 있는 증거들은,

원고세대 내 누수피해 사진이나 동영상들입니다. 간혹 의뢰인분들께서 "변호사님, 물은 위에서 아래로 흐르는 것이고, 우리 집 천장에 이렇게 누수피해 흔적이 있으면 당연히 윗집에 문제가 있다는 게 입증된 게 아닌가요?" 하고 물어보시는 경우가 있습니다.

안타깝게도 위와 같은 질문에 "그렇지 않다"고 답변을 드릴 수밖에 없습니다. 누수로 인한 피해 사진은 "누수피해가 발생하였다는 사실"에 대하여는 훌륭한 증거로 사용됩니다. 그러나, 그로 인하여 "그 누수가 윗집의 전유부분에서 발생하였다는 사실"에 대한 증거가 될 수는 없습니다. 누수의 원인은 워낙 다양하므로 판사 입장에서는 이를 단언할 수가 없는 것입니다.

따라서, 이렇게 피해자 입장에서 수집할 수 있는 증거의 한계가 존재하고, 상대방이 누수원인에 대하여 부인하게 되므로, 이를 극복하고자 감정신청을 대체로 하게 되는 것입니다.

그럼 감정신청을 하지 않고 진행되는 사건들을 무엇일까요?

이러한 사건들은 대체로 누수원인들에 대하여 다툼이 존재하지 않거나, 확실한 증거가 존재하는 사건들입니다.

누수원인에 대해서 다툼이 존재하지 않는다는 것은, 누수원인에 대해서 상대방이 인정하고 있거나, 누수원인이 확인되어 대하여 이미 수리를 끝내고 손해배상금액에 대하여 다툼만이 존재하는 경우 있습니다.

상대방도 누수원인이 본인 세대에 존재함을 인정하면서도, 피해세대의 공사비용과 관련하여 서로의 입장 차이가 큰 경우가 있습니다.

피해세대에서는 당연하게도 이런저런 공사와 부대비용들이 합산되어 금액이 산정될 수밖에 없고, 가해세대 입장에서는 누수사건을 기화로 하여 과도하게 수리를 하는 것이 아닌지 의심하는 경우를 생각해 볼 수 있습니다. 이런 경우 양측 당사자가 생각하는 수리비용에 대한 간극이 너무 커서, 결국 소송이 제기되는 상황을 생각해 볼 수 있습니다.

한편으로는 증거가 확실한 사건들이 존재합니다. 예를 들어, 윗집 싱크대 주름관에 문제가 생겨서 피해 당시 아파트 관리사무소 소장님이 현장을 방문하여 직접 누수원인을 확인하였고, 이에 대한 수리까지 마친 경우, 위와 같은 누수원인에 대한 사진이나 동영상 자료들이 명확하게 촬영된 경우들이 해당될 수 있습니다.

위와 같은 상황이 흔한 것은 아니지만, 누수원인이 쉽게 관찰 가능하고, 수리하는 내용들이 증거로 수집되는 경우들이 존재합니다. 이런 사건의 경우 감정을 하지 않더라도 누수원인에 대한 입증이 가능할 것이 예상되므로, 상대방이 소송에서 누수원인을 부인한다 하더라도 감정 절차 없이도 승소판결을 기대해 볼 수도 있겠습니다.

사설업체의 소견서로 감정을 대체할 수 없을까?

사설업체의 탐지 소견만으로 감정 절차를 대체할 수 있을까 하는 고민을 해 볼 수 있습니다.

그러나, 많은 사건들이 위와 같은 사설 탐지업체의 소견이 제시되었음에도 상대방이 이를 믿을 수 없다는 이유로 분쟁이 되다가 소송 절차까지 진행되는 경우가 많습니다. 결국 원고가 사설 탐지업체의 소견을 증거로 제시한다 하여도, 상대방 측에서는 누수원인에 대하여 책임이 없음을 주장할 것이고, 사설 탐지업체 소견을 신뢰하지 못하는 이유에 대해서도 의견을 제시할 것입니다.

그런 경우, 재판부 입장에서는 사설 탐지업체의 소견만으로는 누수원인이 어디에 존재하는지에 대하여 판단하기가 어려울 것으로 이해하고, 당사자에게 감정신청에 관하여 석명을 구하는 경우가 많습니다.

결국 사설업체의 소견서가 존재한다 하더라도 감정 절차가 진행되는 사건들이 거의 대부분인 것이 사실인 것 같습니다.

다만, 재판부에서 원피고가 모두 동의하에 사설 탐지업체를 통하여 누수원인을 탐지하고 그 결과를 보고해 달라고 먼저 제안하는 경우도 있습니다. 감정인들이 불성실하게 업무를 수행하고 감정보고서를 제출하여, 당사자들이 많은 비용을 지출하였는데도 여전히 누수원인에 대하여 판단하기 어려운 경우들이 있기에, 재판부가 먼저 당사자들의 편의를 도모하고자 제안하는 경우가 있습니다.

그러나, 이렇게 재판부가 제안을 하여도, 결국 어느 당사자가 이러한 제안을 거부하는 경우가 많으며, 결국 감정 절차가 진행되는 방향으로 흘러가기도 합니다.

필자의 개인적은 생각으로도, 감정료가 누수사건의 피해금액에 비추어 너무나 비싼 것은 사실이고, 불성실한 감정인에 대하여 책임을 묻기도 어려운 점, 그로 인하여 누수로 인하여 피해를 입은 당사자가 소송 절차에서 구제받지 못하는 또 다른 피해가 발생할 수 있는 점을 고려할 때, 재판부가 사설업체를 통한 감정 절차 진행에 대하여 보다 적극적이고, 포용적인 자세로 누수사건을 바라보는 것이 옳다고 생각이 됩니다.

감정 절차 개괄

감정 절차는 생각보다 여러 단계를 거치면서 진행이 됩니다. 사건들 따라 소요시간이 다르지만 대체로 감정 절차를 시작하여 보고서가 작성되어 법원에 제출되는 데까지 2-3개월 정도의 시간이 소요되기도 합니다. 경우에 따라서는 많게는 3개월 이상의 시간이 소요되기도 합니다.

감정 절차의 대략적인 흐름은 다음과 같은 순서들로 진행됩니다.

1) 감정신청서 제출
2) 감정신청서에 대하여 법원에서 채택 인정 여부를 결정
3) 감정인 후보자 선정
4) 감정인 지정의견제출
5) 감정인신문기일(선택적)
6) 사전 자료 제출 또는 사전증거조사
7) 현장감정
8) 감정보고서 제출
9) 사실 조회 등 감정 내용 보완(선택적)

가장 첫 번째 절차인 감정신청서 제출에 대해서는 앞서서 **감정이란** 무엇인지에 대해서 그 개념을 설명하면서, 감정신청서의 대략적인 모습을 어떠한지, 그리고 언제 감정신청서를 제출하였는지를 설명하였습니다.

이하에서는 위 감정 절차의 대해서 세부적으로 어떻게 진행되는지, 또한 어떤 것들을 준비하면 좋을지에 대해서 자세히 설명드리도록 하겠습니다.

감정신청 및 채부

우리가 감정신청서를 법정에서 구두 또는 감정신청서를 작성하여 서면으로 제출하면, 법원에서는 원고의 감정신청을 채택하여 진행을 할 것인지, 감정신청을 기각할지 결정하게 됩니다. 감정신청 절차를 진행하게 되면 이를 **채택**하였다고 표현하고, 기각하는 결정은 **부인**하였다고 표현합니다. 그래서 **채부**라고 표현하게 됩니다.

보통 누수사건의 경우 누수원인이 어디에서 비롯되었는지가 가장 중요하고 그것을 확인하기 위해서는 건물의 객관적인 현황을 확인해 볼 필요가 있습니다. 그러기 위해서는 건축 건설 전문가의 조력이 필수적인 상황이 거의 대부분입니다. 때문에 대부분 법원에서 감정신청을 채택하여 진행하는 경우가 많습니다.

채부 여부는 변론 전에 전자소송 사이트를 통해서 감정신청서를 제출하였다면, 전자소송 사이트를 통해서 확인할 수 있습니다. 우리가 제출한 감정신청서 항목 옆쪽에 채부 표시가 뜨게 됩니다. 만약 감정신청서를 제출한 지 꽤 오랜 시간이 지났음에도 불구하고 채부 표시가 되어 있지 않다면 재판부에 전화하여 확인해 볼 수 있습니다.

　재판부의 연락처는 **나의사건검색**을 통해서 확인할 수 있습니다. 인터넷 검색창에 **나의사건검색**이라고 입력하고 검색을 하면 대한민국법원 - 대국민 서비스 - 나의 사건검색이란 페이지를 쉽게 찾을 수 있습니다. 해당 페이지에 우리 사건의 관할법원과 사건번호 등 정보를 입력하면 사건 진행 현황을 확인할 수 있습니다. 해당 페이지에서 담당 재판부의 전화번호를 확인할 수 있습니다.

　감정신청서를 서면으로 변론기일 전에 미리 제출하였는데 채부 결정이 지연되는 것은 여러가지 이유들을 생각해 볼 수 있습니다. 첫 번째로는 재판부에 해당 신청서를 확인하는 것을 누락하였거나 처리하는 것을 깜빡한 경우입니다. 특별한 이유가 있는 것은 아니고, 실무를 처리해 주는 사무관께서 해당 내용에 대한 보고를 누락하거나 보고를 하였는데 판사가 결정을 누락한 경우와 같이 별다른 이유 없이 절차가 지연된 경우입니다.

　다음으로 많은 이유가 일단 변론기일 때 채부를 결정하겠다고 하는 경우입니다. 우리 사건의 재판부가 사건을 보았을 때, 곧바로 감정 절차를 진행하는 것보다 양쪽 당사자의 의사를 한번 확인하고 싶다는 생각을 갖고 있거나, 지금 상황만으로 채부를 결정하기는 어렵고 변론기일 때 당사자들을 통하여 사실관계를 확인하여 채부를 결정하겠다고 생각하는 경우가 있습니다.

만약 변론기일에 출석하여 구두로 감정신청을 하겠다고 하면 대부분 그 자리에서 채택 여부에 대한 결정을 해 주게 됩니다. 그리고 구두로 감정신청을 하여 채택 결정을 받았다면 **빠른 시일** 내에 서면으로 감정신청 사항을 정리해서 제출하는 것이 일반적입니다.

앞서 말씀드린 것처럼 대부분의 재판부가 누수사건에서 감정 절차가 필요하다는 것에 대하여 잘 이해하고 있고, 실제로도 대부분 감정 절차를 진행하여 누수원인을 확인하는 과정을 거치게 됩니다. 그런데, 당사자들 입장에서는 감정이라는 것에 상당한 비용이 투입되기 때문에 감정신청에 주저하면서, 상대방의 답변 태도를 계속 보면서 최대한 서면공방을 하면서 감정신청을 미루는 경우들이 있는데요.

그렇게 상당한 시간이 지난 후, 결국 늦게서야 감정신청을 하는 경우들이 있습니다. 그런 경우 실기한 공격 방어방법이라는 법리에 따라 감정신청을 **기각**하는 경우가 있으므로 조심해야 합니다. 실기한 공격 방어방법은 위 예를 든 사례처럼 당사자가 충분히 주장 입증할 수 있는 시간적 여유가 있었음에도 불구하고, 소송 절차를 지연시키거나, 상대방을 괴롭히기 위한 목적 등으로, 증거 방법을 고의적인 지연시켜 제출하거나 신청하는 것에 대하여, 빠른 소송 절차 진행과 상대방의 방어권 보장을 위하여 이를 배척할 수 있다는 법리입니다.

쉽게 말하면 증거들을 최대한 빠른 시일 내에 모두 제출하여 서로가 충분히 공방을 할 수 있도록 하고, 소송의 효율도 도모하자는 취지인데요. 너무 늦게서야 감정신청을 하게 되면, 이미 소송 절차가 상당한 시간이 소요되어 진행되었음에도 이제 감정 절차를 진행시킨다는 이유로 또 불필요한 시간이 소요될 것이 명백하므로, 경우에 따라서 이를 기각하는 재판부도 존재합니다.

  따라서, 감정신청은 가능하면 첫 변론기일 전까지는 신청 여부에 대한 고민을 끝내고 서면이나 구두로 재판부에 의견을 제시하는 것이 좋겠습니다.

감정인 후보자

　감정신청이 채택되게 되어 절차가 진행되게 되면, 다음으로 재판부에서 감정인 후보자를 제시해 주게 됩니다.
　일반인들께서 가장 궁금해하시는 것 중에 하나가 '감정인 후보자는 도대체 어떤 사람들인가?'인 것 같습니다.
　우리 대법원의 홈페이지를 통하여 확인하여 보면, 누수사건과 관련이 있는 건설 분야 감정인들의 자격 요건은 국가기술자격 중 건축사, 기술사 건축구조 건축시공 등의 자격을 가진 사람으로서 소속 단체가 추천한 사람 또는 본인이 신청한 사람 중에 적절하다고 판단되는 사람이라고 설명이 되어 있습니다.
　매년 12월쯤 되면 법원에서 다음 해에 법원 감정인으로 업무할 사람을 모집하는 글을 확인할 수 있습니다. 이렇게 법원에서 감정인으로 등록을 원하는 자를 모집하여, 일정한 선발 요건에 맞춰서 선발된 사람들이 감정인으로서 업무를 수행하게 되는 것입니다.
　위와 같은 기본적인 자격 요건 외에도 과거 법원의 감정이력 등 여러 정황들을 살펴보고 선발을 하게 됩니다. 이렇게 선정된 감정인 후보자들의 명단을 법원이 가지고 있다가 감정신청이 들어오게 되면 후보자들 명단에서 2-3명 정도의 후보자를 선정하여 제시해 주는 것입니다.

경우에 따라서는 감정인 후보자를 1명만 선정하는 경우도 있습니다. 법원에서는 후보자에게 후보자로 선정되었으니 예상감정료를 제출해 달라고 하는데도 불구하고, 감정인 후보자가 이미 다른 법원으로부터 받은 감정 업무들이 많아 감정 업무를 수행하기 어려운 상황이거나, 개인적인 사정들로 인하여 예상감정료와 같은 문서를 제출하지 않을 경우가 있고, 그런 경우 1-2명 정도의 후보자만 나오는 경우들도 있습니다.

만약, 위와 같이 감정인 후보자가 공교롭게도 1명이 나오게 되고, 그 면면을 살펴보았는데 감정인으로서 적절한 업무를 수행할 수 있을지 의구심이 든다면, 재판부에 다른 감정인 후보자를 한 번 더 찾아봐 달라고 서면을 제출하여 요청해 볼 수도 있습니다.

예상감정료 산정서

감정인 후보자는 예상감정료 산정서라는 것을 제시합니다. 예상감정료 산정서는 다음과 같은 모습을 하고 있습니다.

[예 상 감 정 료 산 출]

사건번호			감 정 인			
구 분		감정료예상액	산 출 근 거			
			구 분	인 원	단 가	금 액
직접비	직접인건비	3,065,528	건축사,기술사	4	446,055	1,784,220
			특급기술자	2	346,855	693,710
			고급기술자	2	293,799	587,598
			중급기술자	0	272,915	-
			초급기술자	0	213,496	-
			소 계	8		3,065,528
	직접경비	-	자료수집 및 분석비	0	-	-
			출 장 여 비	1	-	-
			용 역 경 비	1	-	-
			소 계			-
제 경 비		1,839,317	직접인건비의 110~120%		직접인건비 *60%	1,839,317
기 술 료		735,727	직접인건비+제경비의 20%~40%		(직접인건비+제경비)*15%	735,727
소 계		5,640,571				
제수조정		- 40,571				
합 계		5,600,000				
부가가치세		560,000				
총 합 계		6,160,000	일금	육백일십육만		원정

참고사항
1) 감정신청사항에 한하며, 설계도면(CAD도면) 등 관련자료 제출 조건입니다.
2) 현장조사 시 은폐 또는 매몰부위 및 마감재등의 일부를 해체할 필요가 있는 경우, 이와 관련한 해체 및 원상복구 작업은 신청인이 수행하는 것으로 보았습니다. 필요시 누수가 예상되는 부위의 담수시험을 할 수 있으며, 담수시험을 시행할 경우 원·피고가 협조하는 조건입니다. 다만, 난방 등 시험에 필요한 시험에 소요되는 비용은 감정인이 부담하는 조건입니다.
3) 본 금액은 예상감정료로서 감정자료의 유무, 현장 상황 등에 따라서 증감될 수 있습니다.

위의 이미지는 어디까지나 샘플입니다. 예상감정료산정서는 감정인 후보자들마다 사용하는 양식이 조금씩 다르기에 형식보다는 내용에 집중할 필요가 있습니다.

감정인이 후보자가 우리 사건의 감정신청서를 받아 보고 감정 업무를 수행하는 데 어느 정도 비용이 소모될지에 대하여 정리를 한 것으로 이해할 수 있습니다. 내용을 살펴보면, 건축사 기술사와 같은 인원이 몇 명 정도 투입되고 해당 인력의 단가가 얼마이므로, 어느 정도의 인건비가 발생할 것으로 예상된다고 기재하고 있는 것을 알고 있습니다.

다만 한 가지 유의해야 할 것은 위 예상감정료 산정서를 보면 건축사 기술사가 4명, 특급기술자가 2명, 이렇게 기재되어 있으니까 나중에 감정할 때 이 사람들이 다 온다고 생각할 수 있습니다. 그런데 실제로는 그렇지 않습니다.

보통 감정인과 보조인력 1-2명 정도가 현장을 방문하여 업무를 수행하게 됩니다. 그럼 여기 감정료 산출서에 기재된 인원들은 어떤 사람들이지라는 생각 들게 됩니다. 감정인은 현장에서 업무하는 것 외에도 감정보고서를 작성하게 되는데, 감정보고서를 작성하는 데 투입되는 인력들도 여기에 포함되어 있다고 생각하면 됩니다.

이 감정료산출서에서 사실 중요하게 봐야 할 건 당연히 그래서 총 비용이 얼마인가도 중요한 내용이긴 하지만, 저는 **특이사항**을 꼭 확인해 보시기를 추천드리고 싶습니다.

위 예상감정료 산정서를 제시한 감정인의 경우 현장 조사 시 은폐 또는 매물부위 및 마감재 등의 일부를 해체할 필요가 있는 경우 이와 관련된 해체 및 원상복구 작업은 신청인이 수행한다. 즉 신청인의 부담으로 한다고 기재되어 있는 것을 알 수 있습니다. 또 "난방 등 시험에 필요한 소요되는 비용은 감정인이 부담하는 조건입니다." 이렇게 기재되어 있습니다. 그러니깐 이 감정인은 일단 육안 감정을 원칙으로 할 것인데, 경우에 따라서 파괴검사가 필요한 경우 그 비용은 신청인의 부담으로 하겠다는 것을 기재하고 있습니다. (파괴검사는 감정인들께서 사용하시는 현장용어로는 파취라고도 많이 표현합니다. 쉽게 말하면 철거라고 생각하여 무방합니다. 누수현장을 감정하게 되면, 경우에 따라서 어떤 마감재 등을 철거해야지만이 내부를 확인할 수 있고, 그래야만 감정 절차가 진행될 수 있기에 이런 고민의 순간들이 존재하게 되는데요. 이에 대하여 대부분의 감정인들이 파취 또는 철거비용을 당사자의 몫으로 돌려놓고 있습니다.)

또한, 위 감정인이 제시한 예상감정료 산정서에는 명확히 기재되어 있지 않으나, 누수사건에서 누수원인을 확인하기 위하여 감정을 진행하면서 배관상태를 확인하는 경우들도 존재합니다. 배관에 압력을 걸어서 배관에서 누수가 되는지 여부 등을 고민하는 것인데요. 이 배관테스트 비용도 신청인의 부담으로 하는 경우들이 상당히 많으므로, 예상감정료산정서를 살펴볼 때는 지금 제시된 예상감정료 외에 추가적인 비용이 더 발생할 것이 있는지 특이사항을 잘 체크해 보는 것이 중요하겠습니다.

변호사들도 누수사건 경험이 많이 없다 보면 이 특약사항 기재된 걸 잘 안 보기도 하고 보더라도 무슨 말인지 잘 이해 못하고 그냥 지정의견을 제시하였다가 나중에 낭패를 보는 경우도 있으니 주의해야겠습니다.

그런데 한편으로는 감정인께서 400-600만 원 비용을 받아 가는데 또

배관탐지비용이 별도로 발생할 수 있다는 것이 당황스럽기도 합니다. 일반 시중에 누수탐지업체를 통하여 의뢰하게 되면 통상적으로 30-50만 원 비교적 이름이 있고 실력이 있는 업체다 싶으면 100만 원 내외의 비용이 발생하는 것에 비하면 굉장히 비싸다는 생각이 들 수 있습니다.

이 글을 쓰고 있는 필자 입장에서도 감정비용이 다소 높다는 생각이 듭니다. 너무나 과중한 감정비용 때문에 소송 절차를 주저하게 만드는 점이 분명 존재하고, 그렇다면 경제적으로 어려움이 있다면 소송 절차도 제기하지 못할 수 있다는 다소 억울한 상황이 생길 수 있다는 점에서 제도의 개선이 필요할 것으로 생각됩니다. 다만, 그럼에도 이해를 해 보자면, 감정인들이 모든 장비와 인력을 갖추고 있는 것이 아닙니다. 그리고 현장 감정 업무 외에도, 현장 감정 업무를 바탕으로 감정보고서를 작성해야 하는 업무가 존재하며, 보고서가 제출되었다고 곧바로 업무가 종료되는 경우는 별로 없고, 양 당사자들로부터 사실조회를 받아 그에 대한 답변을 해야 하는 업무들까지 모두 포함되었다고 이해해 볼 수 있다. 만약 사건이 1심에서 끝나지 않고 항소심, 상고심까지 진행되면 감정인은 그 재판이 끝날 때까지 이런저런 명목으로 계속 사건에 대한 의견을 제시해야 하는 일들이 생기는데, 그런 미래의 업무 비용까지 포함된 것으로 이해해 볼 수 있습니다.

감정인 후보자 경력카드

예상감정료 산정서 다음에 감정인 후보자 경력카드가 함께 제시됩니다.

감정인 후보자의 경력카드를 살펴보면 성명 주소 소속 자격사항 학력 주요 경력과 법원감정 경력 최근 3년 경력 등 주요 경력사항들을 알 수 있습니다.

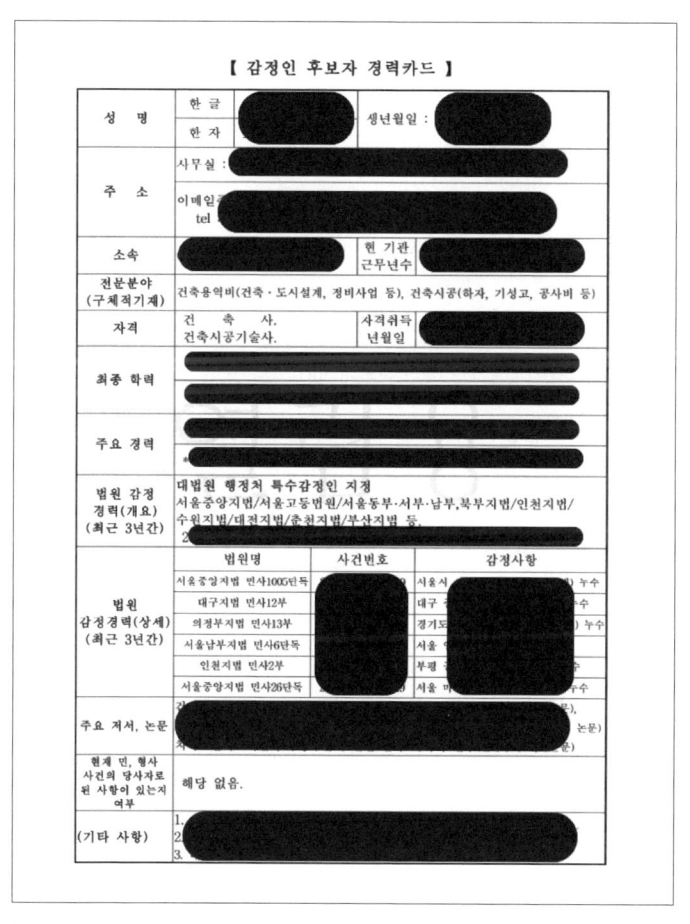

위 감정인 후보자 경력카드를 통하여 여러 정보들을 고려하여, 누가 우리 사건의 감정 절차를 진행하면 좋을지 지정의견을 제시하게 됩니다.

다만, 필자가 그동안 많은 감정 업무를 수행하면서 느낀 것은 감정인이 실제로 현장에서 업무를 하고 감정보고서를 작성하는 등 실제 업무에 있어서 발휘되는 능력이 결코 경력카드를 통해서는 알 수 없다는 점입니다. 경력카드를 살펴보았을 때, 건축 건설과 관련된 자격사항이 존재하고, 최근 3년간 법원 감정이력을 살펴보니 상당한 누수사건 수행 경력이 존재하는 것들에 비추어 볼 때, 감정 업무를 잘 수행할 것으로 예상하였던 감정인들 중에서 실제로는 그렇지 못한 감정인들도 많이 보았습니다.

반대로, 경력카드상으로는 큰 기대를 할 수는 없었지만, 실제로 업무를 하는 것을 지켜보았을 때 현장에 대한 관심도 많고, 적극적인 자세로 사건에 임하여 좋은 결과를 도출해 내는 감정인들도 존재하였습니다. 때문에, 경력사항에 대해서는 참고만 할 뿐 실제 업무 능력과는 차이가 존재함을 알고 있어야 합니다.

감정인 지정의견

다음으로 우리가 이렇게 제공된 감정인 후보자들에 대해서 지정의견을 제출하게 됩니다. 지정의견서를 작성하는 데 특별히 양식이 존재하는 것은 아닙니다. 감정후보자들 중에 특정 감정인으로 지정하겠다는 의견을 간단히 서면에 기재하여 제출하는 것으로 충분합니다.

결국 감정인에 대하여 지정의견을 제시한다는 것은 형식적인 어려움이 존재하는 것이 아니라 누구를 지정할지에 대한 고민이라고 생각됩니다. 우리 일반인의 입장에서는 누수소송이라는 것이 평생에 1번 있을까 말까 하는 일이기에, 감정인 후보자들에 대한 정보가 턱없이 부족할 수밖에 없습니다. 아무리 인터넷을 검색하고 카페를 검색해 봐도 이런 정도들은 너무나 턱없이 부족한 것이 사실입니다.

감정인이 어떻게 업무를 하느냐에 따라 사건이 쉽게 해결되느냐, 아니면 복잡해질 수 있느냐의 문제가 있기에 큰 고민이 아닐 수가 없습니다. 필자는 그동안 수많은 누수소송을 진행하면서 한번이라도 함께 업무를 수행한 감정인에 대해서는 평가를 남겨 놓고 있습니다.

이렇게 평가를 남겨 놓은 데이터들이 쌓여서 새로운 사건을 수행하고 감정인 후보자를 제시받았을 때, 필자가 가지고 있는 데이터에서 감정인 후보자를 검색하여 해당 감정인의 지난 업무 수행 평가를 확인하고 의뢰인에게 안내를 해 드리고 있습니다.

감정인 지정의견은 대체로 원고가 제시한 감정인 지정의견을 법원이 존중하는 경향이 있습니다. 아무래도 원고가 감정비용에 대해서 일단 선 부담을 해야 하고, 입증 책임이 원고에게 존재하므로 원고의 의견을 존중하는 것으로 사료됩니다.

그러나, 피고도 감정인 후보자에 대해서 지정의견을 제시할 수 있습니다. 원고와 피고의 의견이 모두 동일하면 큰 문제는 없지만 원고의 피고의 의견이 상이하다면, 재판부는 원고 피고 둘 중의 어느 의견을 채택하여 감정 절차를 진행하기도 하며, 경우에 따라서는 원고 및 피고가 제시한 감정인 후보자 외 다른 감정인 후보자를 직권으로 지정하여 절차를 진행하는 경우도 있습니다.

감정인 신문기일

감정인 지정의견을 감정 신청인이 또는 양측에서 모두 제출을 하였다면, 재판부가 감정인 지정결정을 하게 됩니다. 우리 사건의 감정인으로서 업무를 수행하라는 뜻을 통지하는 것으로 이해하면 됩니다.

이렇게 사건의 감정인이 지정되게 되면 다음으로 감정인 신문기일이 지정되게 됩니다. 감정인신문기일은 보통 감정인지정결정 통보 이후 1개월 정도 후에 지정됩니다.

감정인 신문기일은 감정인으로 지정된 후보자를 법원으로 불러서 감정인선서를 하고, 감정과 관련된 주장사항과 감정사항을 간단히 정리하는 시간으로 이해할 수 있습니다. 감정인이 법정에 출석하게 되면 증인석에 앉게 되고, 감정인 선서부터 진행하게 됩니다. 감정인 선서자세를 취하고 "양심에 따라 성실히 감정에 임하며, 만약 거짓이 있으면 허위 감정의 벌을 받기로 맹세합니다"라는 취지로 진술하게 됩니다.

감정인이 위와 같이 감정인 선서를 하게 됨에 따라, 거짓 감정을 하게 되면 허위 감정의 벌을 받게 되는 것입니다.

이렇게 감정인이 감정인 선서를 하고 증인석에 착석하게 되면, 일반적으로 재판부가 감정신청사항을 간단히 살펴보면서 감정인에게 원고가 제출한 감정신청서에 따라 감정이 진행 가능한지를 간단히 묻게 됩니다. 재판부가 감정인에게 가장 많이 하는 질문은 "감정인은 누수사건에 경험이 많이 있는가요?", "원고가 제출한 감정신청서를 읽어 보셨나요? 감정이 가능하겠습니까?"와 같은 질문들이다.

누수사건의 감정인들은 대체로 많은 감정 경험을 가지고 있어, 위와 같은 질문들에 대하여 감정 절차를 진행하는 데 어려움이 없다는 취지로 답변하게 됩니다.

만약, 감정인이 감정신청서사항에 대하여 감정이 어려운 항목이 있다면 이에 대하여 보통 감정인 신문기일에 의견을 제시하게 된다. 필자를 여러 감정인들을 만나 보았는데, 같은 감정신청항목에 대하여도 감정인마다 의견이 달라지는 것을 확인할 수 있었습니다.

예를 들어 누수로 인하여 인테리어 보수 공사를 하게 되면 경우에 따라는 이사비용이나 짐 보관 비용이 발생하게 되므로 이에 대하여 감정항목을 기재하였는데, 감정인들마다 이사비용이나 짐 보관비용에 대해서 의견제시가 가능한 감정인들이 있는가 하면, 이에 대하여 감정의견을 제시할 수 없다는 의견을 제시하는 감정인들도 존재하였다.

이처럼 감정항목에 특이사항이 존재한다면 이에 대하여 감정인이 의견을 제시하게 된다.

다음으로 재판부가 원고와 피고 측에서도 감정인에게 질의할 것이 있는지를 확인하게 되는데, 원고 측에서는 대체로 피해를 당하고 있는 입장이므로 신속하게 감정 업무를 부탁한다는 취지로 당부를 하게 되고, 피고측에서는 대체로 누수원인에 대한 판단이 가능할지에 대하여 감정인에게 질의를 하는 게 일반적인 모습으로 생각된다.

감정인 신문기일의 생략

그런데 감정인 신문기일은 모든 누수사건에서 항상 필수적으로 진행되는 절차가 아닙니다. 경우에 따라서는 재판부의 재량으로 감정인 신문기일을 생략하기도 하는데요. 우리가 감정신청서를 제출하기 하였지만 재판부가 이를 감정촉탁신청서로 선회하여 이해하기도 하고, 또는 직권으로 감정촉탁절차로 진행하겠다고 결정하면서 감정인 신문기일을 생략하기도 합니다.

그럼 **감정**과 **감정촉탁**이 어떻게 다른지 이해를 해야 하는데요. 촉탁이라는 것은 사전상의 의미로 일을 맡긴다 부탁한다는 뜻입니다. 그러니깐 감정촉탁이라는 것은 전문가에게 감정 업무를 맡기겠다 부탁하겠다는 뜻인데요.

위와 같이 굳이 사전적인 의미를 찾자면 약간의 차이가 존재한다고 볼 수 있지만, 실제 소송 절차를 진행하면서는 큰 차이는 없습니다. 다만, **감정촉탁**을 하게 되면 감정인신문기일을 생략하게 되고, 감정인선서를 하지 않으므로 감정인이 허위 감정의 벌을 받을 수는 없습니다. 이 부분이 가장 큰 차이점이 아닐까 싶습니다.

그러면 감정인이 허위 감정의 벌을 받지 않는다면, 엉터리로 감정을 할 텐데 믿고 업무를 맡길 수 있냐는 의문이 생길 수 있는데요.

감정신청을 통하여 선정되는 감정인 후보자나 감정촉탁신청을 통하여 산정되는 감정인 후보자나 어차피 감정인 명단에서 이루어지는 것이므로 후보자들은 똑같습니다. 감정인 후보자들 입장에서는 괜히 어느 사건에서 거짓 감정을 하게 되어 자칫 형사처벌은 아니라 할지라도 법원감정인 후보자 명단에서 제명이 될 경우에 오히려 큰 타격을 입을 수 있습니다.

따라서, 감정인들이 특정 당사자의 편을 들어 문제가 생기는 감정보고서를 작성할 동기가 거의 없다고 생각됩니다.

또한, **감정촉탁**으로 진행하게 되면, 감정인신문기일을 생략할 수 있는데요. 실무를 담당하고 있는 입장에서는 오히려 이렇게 감정인신문기일을 생략하는 것이 더욱 이득이 된다고 생각합니다.

누수사건의 경우 피해자가 누수가 발생한 집에서 거주하면 소송 기간 동안 계속적으로 고통을 받게 된다는 것이 일반적인 민사사건과 구별되는 특징이라고 생각되는데요. 감정인신문기일을 진행하게 되면 앞서 말씀드린 것처럼 지정된 이후에 약 1개월 뒤에 신문기일이 진행되므로 재판부 사정에 따라서는 위 절차를 진행하는 데 있어서 약 1-2개월 정도의 시간이 소요되기도 합니다. 누수소송에서는 이런 시간들이 소요되는 것조차도 상당히 아까운 점이라 생각되므로 차라리 **감정촉탁**으로 하여 신속히 사건을 진행하는 게 오히려 더 이득이 된다고 판단하고 있습니다. 감정인신문기일이 진행된다고 하여도 굉장히 형식적으로 진행되는 것이므로, 차라리 생략하고 빠르게 감정 절차를 진행하는 것이 도움이 된다고 판단하게 되는 것입니다.

사전자료 제출 및 사전 증거 조사

 이렇게 신문기일이 진행되거나 생략된다면 감정인께서 본격적인 감정 업무를 수행하기 위해서 사전미팅을 하거나 관련자료를 당사자에게 제공해 주기를 요청하게 되는데요. 자료 제공 요청은 보통 공문을 발송해 주십니다. 감정인신문기일을 진행하게 되면 신문기일이 끝나고 현장에서 전달해 주시는 경우도 있고, 감정인 신문기일 생략되었다면 이메일이나 우편으로 보내 주는 경우가 많습니다.
 감정인들은 과연 어떤 자료들을 요청하시는지 한번 살펴보겠습니다.
 감정인들마다 사용하시는 양식이 조금씩 다르고 누수원인과 누수피해가 발생되는 피해 양상에 따라 검사를 해야 할 부분들에 대한 판단이 달라지기 때문에 감정인들께서 요구하는 자료도 당연하게도 사건별로 조금씩 차이가 있습니다.
 대체로 살펴보면,

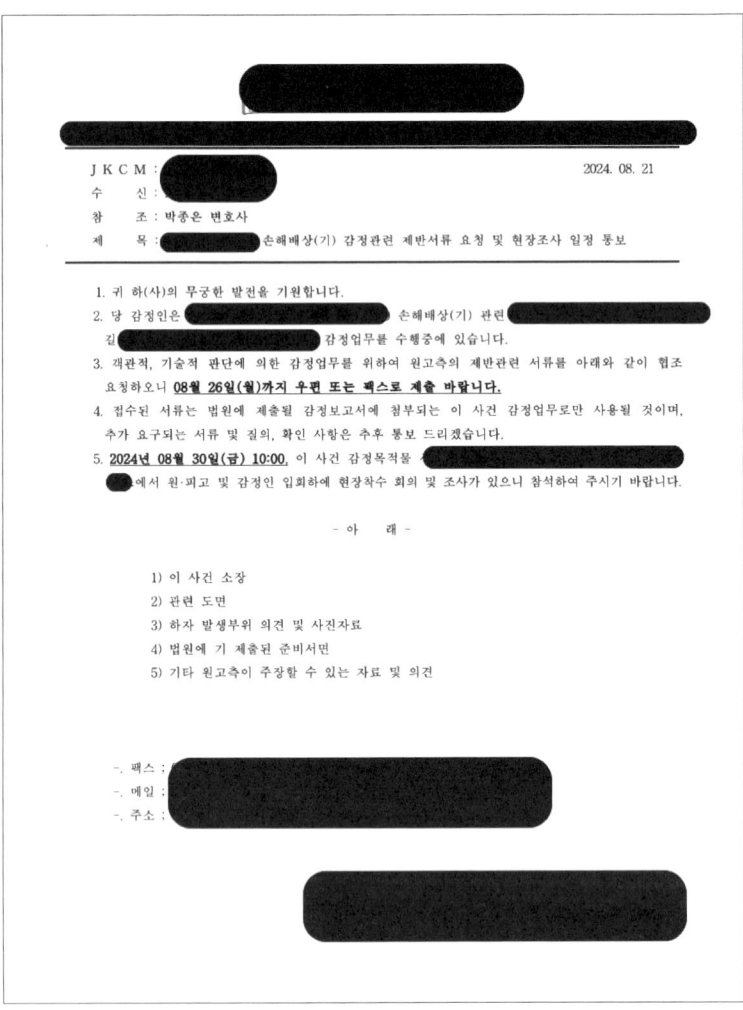

1) 사건 소장과 준비서면과 같은 소송 기록과 하자 발생부위에 대한 의견 사진 자료들을 요구하는 경우가 있습니다. 경우에 따라서는

최초 누수발생 당시의 상황부터 누수와 관련된 주요한 내용들을 일시별로 정리하여 제공해 달라고 하는 경우도 있습니다. 이런 누수 히스토리와 관련된 자료들은 처음에 제공해 달라고 하는 경우도 있고, 감정 절차 중간에 자료를 요청하는 경우도 있습니다.

2) 그리고 건축물 도면 등을 요구하는 경우가 있습니다. 건축도면은 간단한 평면도부터 배관 도면을 요구하기도 합니다. 건축 도면은 관할 구청 등에서 보관하고 있는 경우들이 많은데요. 너무 오래된 건물의 경우에는 건축 도면이 보관되어 있지 않는 경우들도 존재합니다. 그런 경우에는 이러한 사실을 기재하여 회신하게 됩니다. 최근에 지어진 아파트의 경우에는 마감재 도면이 존재하기도 하는데요. 마감재가 어떠한 것이 사용되었으며, 두께는 어느 정도로 시공되었는지에 대하여 상세하게 나와 있어서, 감정인들께서 해당 도면을 활용하여 보수 공사비용을 산정하기도 합니다.

3) 누수피해와 관련된 사진이나 동영상 자료를 요청합니다. 사진 자료나 동영상 자료를 통해서 누수피해 당시의 상황을 살펴볼 수 있으므로, 위와 같은 자료들을 요청받게 됩니다.

4) 그 외에도 인테리어 견적서나, 소송 이전에 누수탐지 업무를 수행하였을 때 받았던 소견서나 탐지보고서, 당사자들 간 주고받았던

문자 메시지 내역 등과 같은 자료들을 요구하기도 합니다.

감정인들의 요청 자료 중 건축도면과 같은 것은 관할 구청의 도시과나 건축과 등에서 자료를 보관하고 있는데요. 당사자만 열람이 가능하기 때문에 소송 전 미리 해당 자료를 확보해 두시는 것도 좋은 방법 중에 하나입니다.

보통 감정과 관련된 자료들은 감정인의 이메일을 통해서 자료를 주고 받게 되는데요. 어떤 재판부는 자료들을 소송당사자들끼리 모두 확인할 수 있도록 법원에 제출하고, 법원에 자료를 제출하면 다시 감정인과 상대방에게 전달하는 방법을 취하기도 합니다. 재판부의 소송지휘에 따라 적절한 방법으로 법원 또는 감정인에게 해당 자료를 제공하면 됩니다.

현장감정

현장감정이 아무래도 소송을 진행하는 입장에서는 가장 궁금한 부분일 테고, 가장 긴장되는 순간이 아닐까 합니다. 감정인이 현장을 방문하여 감정인의 관찰 결과와 경험에 따라 그 결과가 달라질 것이 예상되므로, 현장감정 내용에 아무래도 고민이 많을 수밖에 없습니다.

현장 감정일정을 조율하게 됩니다

일반적으로 감정인 신문기일이 끝나고 나서 감정인과 원피고 간 연락처를 교환하게 됩니다. 그리고 나서 현장 감정일정을 조율하게 되는데요. 감정인과 원피고의 일정이 모두 가능한 날짜를 정해야 되기에 날짜를 협의하다 보면 빠른 진행이 어려운 경우도 있습니다. 피고가 감정일자를 지연하고자 하는 생각으로 감정일정을 뒤로 미루기 위해서 소극적인 태도를 보이는 경우도 있으며, 감정인이 이미 선행하여 수행하는 사건들이 많을 경우 자연스럽게 현장 감정일정이 뒤로 미뤄지는 경우도 있습니다.

1차 현장 조사 또는 사전답사

감정인마다 업무를 진행하는 스타일이 조금씩 다릅니다. 어떤 감정인은 현장 감정일정을 조율하는 날 가능하면 모든 감정 업무를 끝내고자 하는 경우도 있으며, 어떤 감정인은 일단 1차 현장 조사 또는 사전답사의 개념으로 누수 피해 현황을 확인하고 양 당사자의 의견을 청취한 이후 본격적인 누수원인을 확인하기 위한 감정 절차를 진행하는 경우도 있습니다.

약속된 현장 감정일에 약속된 장소에 감정인과 원피고가 함께 모이게 됩니다. 보통의 경우 누수피해 세대를 먼저 확인하는 경우가 많으므로 대체로 원고세대에서 모이게 됩니다.

감정인은 출석한 당사자를 확인합니다. 원피고 당사자가 출석하였는지 아니면 당사자는 아니지만 가족이 출석하였는지, 그리고 소송대리인들이 참석하였는지를 간단히 확인하고 출석확인서에 성함을 받고, 본격적으로 사건 번호를 구두로 진술하고 감정 업무를 수행하겠다고 선언한 뒤 업무를 수행하게 됩니다.

피해 현장 조사

원피고가 모두 모여 있는 자리에서 사실관계에 대하여 간단한 확인을 하게 됩니다. 감정인이 미리 필요한 자료들에 대하여 요청을 하였으므로 해당 자료들을 확인한 내용 또는 본인이 이 사건에 대하여 이해한 내용들이 맞는지 양쪽 당사자의 의견을 청취하게 됩니다.

예를 들어, 누수피해가 최초 언제, 어느 장소에서 발생하였는지, 그 이후 원피고 당사자들이 어떤 업무들을 하였는지, 누수피해 양상이 어떠한 변화를 가지게 되었는지를 양 당사자와 함께 얘기를 나누게 됩니다.

그런데, 이렇게 감정인이 원피고의 의견을 청취하다 보면, 상대방이 진술이 본인의 입장에서는 거짓말로 생각되는 경우들이 있고, 그런 생각에 상대방의 진술을 중간에 가로채거나 비난을 하게 되면 자칫 싸움이 일어나게 됩니다.

감정인이 질문한 것에 대하여 상대방의 진술을 방해하지 않고 상대방이 아닌 감정인과 대화한다고 생각하는 것이 중요합니다. 감정인의 양측 당사자의 의견을 모두 공정하게 청취하려고 합니다. 그러니 조급해하지 않아도 됩니다. 상대방의 진술이 끝난 이후 본인의 진술도 충분히 할 수 있는 기회와 시간이 보장됩니다. 또한 현장에서 아무리 상대방과 말싸움을 한다 하여도 결국 건물의 하자 존부에 따라 감정결과가 달라지는 것이므로 불필요하게 말싸움을 하는 것을 자제하고 감정인과 대화한다는 느낌을 가지는 것이 중요합니다.

위와 같이 사건과 관련된 사실관계들을 청취한 이후, 누수피해 세대부터 육안검사를 실행하게 됩니다. 감정인이 소장에 기재된 피해 부분과 당사자들의 설명을 참조하여 누수피해 부분에 대하여 사진을 촬영하고 궁금한 것들에 대하여 당사자에게 질의하고 의견을 청취하게 됩니다.

피해세대를 육안으로 살펴본 이후에는 가해 의심 세대를 방문하여 역시 육안으로 관찰을 하면서 당사자들에게 궁금한 것에 대하여 질의하고 의견을 청취하게 됩니다.

누수탐지 업무 수행

위와 같이 사전조사 또는 사전답사 업무가 끝난 이후 또는 사실관계에 대하여 당사자들로부터 어느 정도 의견을 청취한 이후 본격적인 누수탐지 업무를 수행하게 됩니다.

여기서 한 가지 생각해 볼 점이 있습니다. 아무래도 감정비용이 일반적인 누수탐지업체에 비하여 월등히 높다 보니 감정인이 수행하는 누수탐지 업무에 대해서도 의뢰인분들께서 많은 기대를 하게 됩니다. 저 역시도 감정인이 감정료를 지급받는 금액을 생각한다면 그에 합당한 어떠한 서비스가 존재하는 것이 맞다고 생각됩니다.

그러나, 실제로는 감정인들이 모든 누수방법을 총 동원하여 감정 업무를 수행하는 것은 아닙니다. 그러기에 필자는 의뢰인들로부터 "감정인이 육안 검사만 하는 건가요? 그런데도 이렇게 비싸요"와 같은 하소연을 종종 듣게 됩니다. 저 역시 의뢰인분들의 위와 같은 진술에 충분히 공감을 하고 있습니다.

다만, 감정인들을 옹호하려는 것은 아니다. 대체로 그들의 업무를 이해해 보자면, 사건 현장에 비추어 의심되는 누수원인들이 존재하고 그것을 확인하기 위한 최소 한도의 장비와 검사방법을 활용한다 정도로 이해해 볼 수 있을 것 같습니다. 그 외에도 감정인은 법원에 제출하는 보고서를 작성하거나 사실 조회 회신을 하거나, 증인으로서 법원에 출석하여 증언을 하거나 등 행정적인 업무도 수행해야 하므로, 감정료를 누수탐지 업무에 국한하여 생각하는 것도 다소 무리가 있습니다.

감정인들이 실시하는 누수탐지 방법들은 상당히 다양합니다. 그러나 모든 사건에서 모든 누수탐지 방법이나 장비를 동원하는 것은 아닙니다. 앞서 설명드린 것처럼 필요최소한도에서 업무를 수행하는 것으로 이해해 볼 수 있습니다.

현장감정을 수행하면서 감정인들이 어떤 방법들을 활용하는지 궁금할 수 있는데요. 현장마다 누수원인이 다 다르고 감정인들의 업무 성향도 다르기에 이것을 일률적으로 정리하는 데는 어려움이 존재합니다. 다만, 실제로 사건을 진행하면서 감정보고서에 **일반적 누수 종류 및 원인별 특징 참고 기준**이라는 자료가 제시되었는데요 해당 내용을 살펴보면, 감정인들이 어떤 원인들이 의심되면 어떤 검사 방법들을 수행하겠구나를 대략적으로 예측해 볼 수 있습니다.

먼저 누수의 종류를 다음과 같이 크게 3가지로 구분해 볼 수 있습니다.

1) 배관
2) 방수
3) 균열

배관누수를 살펴보면

배관의 종류는 크게 수도배관(냉수, 온수), 하수배관, 난방배관 등으로 구분할 수 있습니다. 수도배관에서 문제가 발생하였을 경우, 특징으로는 **일정한 양의 물이 지속적으로 흐르고 누수조건이 충족되었을 때 피해 현상이 빠르게 재현된다는** 특징적인 현상이 관측됩니다.

이때 감정인들은 수도계량기를 잠갔다가 일정 시간이 흐른 후 계량기를 열었을 때 계량기의 지침이 돌아가는지를 확인하여 수도배관에 문제가 있는지를 체크하게 됩니다. 계량기 테스트를 통하여 수도배관상의 문제가 있다고 의심된다면 이어서 가스탐지 또는 청음식 탐지기를 활용하여 구체적인 누수점을 확인하게 됩니다.

가스탐지기는 질소 95퍼센트 수소 5퍼센트의 비율로 혼합한 가스를 배관에 주입시키고, 혼합가스가 균열이 있는 배관에서 새어나오게 되면 이를 센서가 부착된 탐지장비를 통하여 인식하는 원리로 작동하게 됩니다.

청음식 탐지기는 배관에서 새어나오는 바람 또는 물의 소리를 증폭시켜서 청취하는 방식으로 누수지점을 특정하게 됩니다.

다만, 가스 탐지기나 청음식 탐지기를 직접 운영하면서 감정 업무를 수행하는 감정인을 필자는 아직 보지는 못하였습니다. 감정인들이 위와 같은 장비를 보유하는 경우도 거의 없는 것으로 생각됩니다. 위와 같이 가스 탐지나 청음식 탐지가 필요한 경우 감정인이 추가적인 인력이나 위와 같은 장비를 가지고 있는 업체를 동원하여 업무를 수행하는 경우가 대부분입니다.

앞서 감정인 후보자들이 예상감정료를 제출하면서 특이사항을 잘 확인하여야 한다고 기재하였는데요. 보통 위와 같은 가스 탐지나 청음식 탐지가 추가로 필요할 경우 이에 대하여 추가비용이 발생하고 이를 신청인이 부담해야 한다는 내용이 특이사항에 기재되어 있는 경우가 많습니다. 예산감정산정서를 확인할 때 이러한 내용을 꼭 확인하시기를 다시 한번 당부드리고 싶습니다.

다음으로 난방배관에서 누수가 발생한 경우 개별 보일러를 운영하고 있는 세대라고 한다면 난방수 보충 알림을 잘 확인해 보아야 합니다. 난방수는 계속 순환하여 활용하기에 난방수가 부족하면 보일러 센서가 이를 감지하여 난방수 보충 알림을 보내게 됩니다. 이러한 알림이 있다면 난방배관의 누수를 의심해 보아야 하고, 난방배관의 어느 부분이 문제인지를 구체적으로 확인하기 위해서는 앞서 설명드린 것처럼 가스 탐지기 또는 청음식 탐지기를 활용하여야 합니다.

배수배관이 문제가 발생한 경우, **물을 사용한 후 일정 시간이 지난 뒤 피해 현상이 재현**되는 특징을 가지고 있습니다. 배수배관의 문제는 대체로 화장실 또는 싱크대 하부에서 발생하는 경우가 많습니다. 목욕이나 화장실을 사용한 후 피해가 발생하거나, 설거지 등을 하고 나서 피해가 발생하는 등의 일정한 패턴이 있다면 배수배관의 문제를 의심해 볼 수 있습니다.

배수배관의 경우 기밀성을 유지하면서 압력이나 가스를 넣을 수가 없으므로 가스식 탐지 등의 장비를 활용할 수 없습니다. 배관상의 문제를 확인하기 위해서는 대체로 육안으로 검사를 하거나 육안 검사가 어려울 경우에는 **내시경 카메라**를 활용하여 확인하는 방법을 사용하게 됩니다. 배관상의 균열이 있는 경우도 존재하며, 배관과 맞닿아 있는 지면의 방수층이 훼손되어 있거나 균열이 존재하여 문제가 생기는 경우도 존재합니다. 또한 배관과 배관을 연결하는 이음부분이 탈락되어 누수가 생기는 경우도 많습니다.

방수누수를 살펴보면

아파트나 빌라와 같은 주택의 경우, 방수층이 설치되어 있는 공간이 비교적 한정적입니다. 대체로 화장실과 발코니 그리고 주방의 일부에 방수층이 설치되어 있는 경우가 있습니다.

먼저 화장실 방수층이 훼손된 경우 **화장실 물 사용 후 누수가 발생한다**는 특징적인 현상을 가지고 있습니다.

화장실 방수층이 의심되는 경우 대체로 **담수 테스트**를 통하여 화장실 방수층이 훼손되었는지를 확인하게 됩니다. 담수 테스트를 화장실의 배수 구멍을 밀폐시키고 바닥면에 물을 채워 담수가 유지되는지 여부를 관찰하는 것을 말합니다.

보통 화장실 유가 부분에 테이프를 이용하여 밀폐를 시키기도 하고, 공기를 넣어서 배수를 밀폐시킬 수 있는 도구를 활용하여 밀폐하기도 합니다. 감정인들마다 담수 상태를 유지하는 시간을 조금씩 달리하는 것으로 보이는데, 대체로 최소 24시간부터 최대 72시간 정도 담수를 유지하고 있습니다.

담수 테스트를 실시하는 화장실에 임의로 어떠한 조작을 가하면 안 되므로, 담수 테스트를 진행하는 동안 당연히 화장실 사용을 금지하게 됩니다. 따라서 화장실이 2개 이상이라고 하면 번갈아 가면서 담수 테스트를 진행하게 되고, 담수 이후 곧바로 화장실 문에 봉인지를 붙여서 누군가 출입할 경우 봉인지가 훼손되도록 조치를 취하게 됩니다.

담수 이후 누수피해 세대에서 누수피해 현상이 재현되는지를 관찰하게 됩니다. 물론 감정인이 상주하면서 업무를 수행할 수는 없고, 피해세대에서 피해 현상이 재현되는 것을 관찰하면 감정인에게 연락을 하고 감정인이 현장으로 와 확인하는 방법으로 수행하게 됩니다.

한편 화장실의 경우 방수층뿐만 아니라 유가와 관련하여 누수가 되는 경우도 많이 존재합니다. 최근에는 기존 화장실 바닥타일 면을 그대로 유지하면서 그 위에 다시 마감재를 시공하는 **덧방** 방식으로 화장실 인테리어를 하는 경우가 존재합니다. 덧방시공을 하게 되면 기존 유가와 새롭게 덧방시공하여 만들어진 바닥 면과 높이 차이가 존재할 수밖에 없는데요. 해당 부분을 적절하게 시공하지 않으면 빈 공간이 생기게 되고, 그 부분으로 물이 유입되어 누수가 발생할 수도 있습니다. 이렇게 유가 부분에 문제가 있을 경우 이는 육안 검사 또는 내시경 카메라를 활용하여 탐지하게 됩니다.

발코니의 경우에도 화장실과 마찬가지로 방수층이 훼손되었을 경우

물 사용 후 또는 비가 온 후 누수가 된다는 특징적인 현상을 가지고 있습니다. 발코니 방수층 훼손이 의심되는 경우에도 앞서 화장실 방수층과 같은 방법으로 담수 테스트를 진행하여 누수원인이 맞는지를 확인하게 됩니다.

 발코니의 경우 우수관과 발코니에서 사용하는 물이 흘러나가는 하수배관이 존재하는 경우가 있습니다. 경우에 따라서는 우수관과 하수배관이 하나의 관으로 연결되어 있는 경우도 있으며, 하수배관이 우수관으로 붙어지는 경우도 존재합니다. 주택마다 다양한 구조를 가지고 있게 됩니다.

 이런 우수관이나 하수배관에서 문제가 생기는 경우가 많이 존재합니다. 우수관이나 하수배관에 문제가 존재할 경우 일반적으로 이를 탐지하기 위해서 **통수**를 하여 누수피해 현상이 재현되는지를 확인하게 됩니다. **통수**란 말은 쉽게 말하면 물을 흘려보낸다는 뜻입니다.

 우수관의 경우 아파트 또는 빌라 옥상에서 물을 흘려보내서 피해 현상이 재현되는지를 확인하는 것이 일반적입니다. 하수배관 역시도 직상층 하수배관에서 물을 흘려보내서 피해 현상이 재현되는지를 확인하게 됩니다.

 우수관 하수관이 문제로 의심된다 하여도, 구체적인 원인은 다양할 수 있습니다. 우수관 하수관이 연결되는 부위가 탈락되어 누수가 되는 것인지, 우수관 하수관 주변의 콘크리트 층에 균열이 있는지 등 다양한 원인이 존재할 수 있으므로 이를 구체적으로 확인하기 위해서는 역시

내시경 카메라 등을 이용하여 확인을 하게 됩니다.

균열누수를 살펴보면

　창호코킹의 문제 또는 아파트 외벽의 균열로 인하여 누수 피해가 발생하는 경우가 존재합니다. 이런 경우 대체로 **비가 온 이후 즉시 또는 일정 시간이 도과하면 누수가 발생**하는 특징적인 현상을 가지고 있습니다.

　창호코킹은 실리콘 실런트라고 부르기도 하는데, 창호와 외벽 사이에 틈을 빗물이 들어오지 못하도록 마감 처리를 하는 것을 의미합니다. 창호코킹 부분은 아무래도 외벽이 부착되어 있다 보니 햇빛을 지속적으로 받기도 하고, 겨울과 여름을 거치면서 수축 팽창이 일어나다 보니 시간이 지남에 따라 점점 경화가 되고 결국 찢어지거나, 탈락되는 현상이 생기게 됩니다.

　생각보다 많은 사건들이 이러한 창호코킹의 문제로 누수피해가 발생하는 경우들이 존재합니다. 창호코킹은 육안으로 쉽게 관찰이 가능합니다.

　다음으로 외벽 균열이 존재하여, 균열 부분을 타고 우수가 침투하여 누수피해가 발생하는 경우입니다. 균열 부분 역시도 육안으로 쉽게 관찰이 가능합니다.

　코킹과 균열부 문제가 누수원인임을 확정적으로 확인하기 위해서는 보수를 하는 방법밖에는 없는 것 같습니다. 다른 조건들을 변경하지 않는 상태에서 코킹 또는 외벽 균열을 일단 보수하고 추후 비가 내릴 때 누수피해가 재현되는지를 확인하여 해당 부분이 누수원인이 맞았는지를 확인하여야 합니다.

이처럼 감정인들은 누수피해가 발생하는 특징적인 현상들을 기초하여, 대략적인 원인을 의심하고 이에 맞춰서 감정 업무를 수행하게 됩니다. 위와 소개해 드린 내용들은 대표적인 누수원인들이며, 그 외에 사건들마다 정말 다양한 누수원인들이 존재합니다.

감정인들께서 제시하는 감정료가 결코 저렴하지 않은 것은 분명합니다. 그렇기에 어떤 특별한 기술이나 노하우 또는 고가의 장비를 활용할 것으로 기대하면 분명 실망할 수 있습니다. 필자의 짧은 소견으로는 고가의 장비나 특별한 기술을 기대하기보다는, 얼마나 사건에 관심을 가지고 성실하게 감정 업무를 수행하는지가 더 중요하다고 생각됩니다.

현장감정은 누수원인을 쉽게 찾아낼 수 있는 사건이라면 하루 만에도 업무가 끝날 수 있지만, 담수 테스트를 시행하거나 테스트 결과 어떠한 의미 있는 결과값이 나오지 않을 때에는 다른 테스트를 수행하는 등 여러 날에 거쳐서 업무가 수행되게 됩니다.

따라서, 현장감정을 진행하는 기간이 사건들마다 편차가 클 수밖에 없습니다. 길게는 1개월에서 3개월 이상의 시간을 소요하면서 현장감정 업무를 진행하는 경우들도 있습니다. 이처럼 오랜 시간 동안 현장감정을 진행하게 된다면, 결국 감정인이 얼마나 성실하게 감정 업무를 수행하는지가 가장 중요한 요소라고 생각됩니다.

감정 보고서 제출 및 사실 조회

감정보고서 제출

현장감정 업무가 끝나면 감정인이 그동안 업무 수행했던 내용들을 정리하여 감정보고서를 법원에 제출하게 됩니다. 보통 현장감정이 끝나고 난 뒤로 약 1개월 정도 뒤에 감정보고서를 법원에 제출하게 되는데요. 경우에 따라서는 2개월까지도 소요되는 경우들도 있고, 많은 사례는 아니지만 감정보고서가 회신되는 데 3개월 이상의 시간이 소요되는 경우도 있습니다.

감정인이 보고서를 작성하다가도 추가로 확인이 필요한 사항이 있으면 다시 현장을 방문하여 감정 업무를 수행하고, 필요한 사실관계도 확인하고 다시 보고서를 작성하기도 합니다.

감정보고서는 기본적으로 우리가 작성한 감정사항에 대한 답변을 기재해 놓은 것으로 이해하시면 되는데요. 그럼 다시 말하면 우리가 질문을 하지 않았다면 감정인이 이에 대하여 답변할 의무가 없습니다. 이런 점을 생각하여 볼 때 감정사항에 필요한 질문 사항을 잘 기재해 놓는 것이 무엇보다 중요하다는 것도 생각해 볼 수 있습니다.

앞서서 감정신청서의 기본 양식을 한번 보여 드리면서 대략적인 감정신청 사항을 살펴보았는데요 물론 그 정도만 기재하여 감정을 진행한다 하더라도 큰 문제는 없습니다. 그런데 필자가 최근에 경험하였던 사건 중에서 감정사항을 잘 작성하는 것이 얼마나 중요한지를 알 수 있는 사례가 있었습니다.

필자가 피고로서 소송대리업무를 수행하였고, 상대방은 원고로 누수피해 세대였습니다. 그런데, 원고 측 소송대리인께서 감정신청을 하면서 피고세대 누수원인을 제거하기 위한 보수 방법에 대하여 감정사항을 누락한 일이 있었습니다.

그 이후 현장감정까지 다 진행하고 변론 종결을 앞두고 있었는데요. 원고가 피고세대 보수 방법에 대해서 감정사항에 기재하지 않았기에 감정보고서에서는 해당 내용이 기재가 되어 있지 않았습니다. 그렇다 보니 원고 소송대리인께서 누수방지공사이행명령을 청구취지에 반영하지 못하고 사건이 마무리되는 상황이 발생하게 되었습니다.

다급해진 원고 소송대리인께서 피고 측에 제안을 하나 하였는데, 원고세대 고치는 비용을 받지 않을 테니깐 피고 측에서도 임의로 공사를 진행해 주시면 어떻겠냐는 것이었습니다. 피고 측 입장에서는 굳이 원고 측 제안을 받아들일 이유가 없으므로 이를 거절하였습니다.

이렇게 원고가 감정사항을 잘 작성하지 않으면, 필요한 정보를 감정보고서를 통하여 얻을 수가 없고, 결국 소송 절차를 잘 진행하였음에도 마지막에 승소도 패소도 아닌 결과를 받을 수밖에 없는 상황이 됩니다.

실제 감정보고서

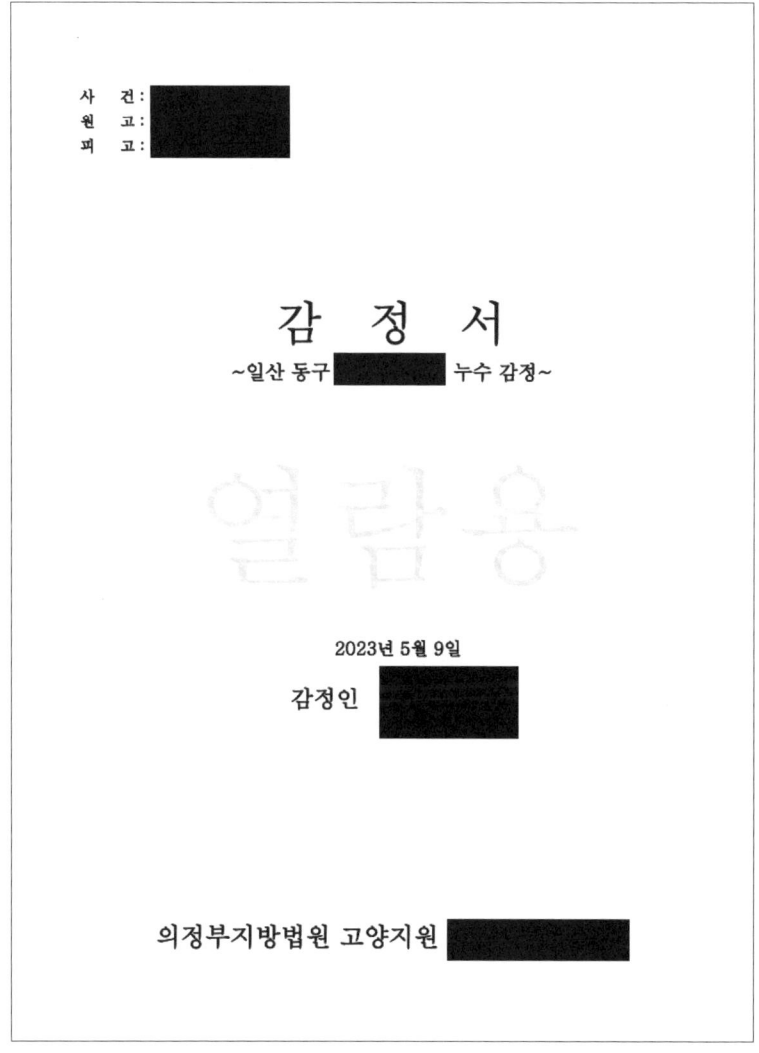

7. 감정 절차

실제로 진행된 사건의 감정보고서의 일부를 보여 드리도록 하겠습니다.

위와 같이 감정서라고 기재되어 있는 표지를 확인할 수 있습니다. 이 표지를 시작으로 감정서 내용들이 차례로 기재되기 시작하는데요. 보통 감정서 초반에는,

1) 사건의 개요
2) 목적물 소재지
3) 감정수행 방법 및 절차
4) 감정수행 과정(감정촉탁일, 사전증거 요청일, 현장 감정일 등 감정수행의 일련의 과정)

들을 간략하게 정리합니다.

1. 개 요

1.1 감정 개요

본 감정목적물은 경기도 ▇▇)입니다. 본 감정은 2022 가소 ▇▇▇▇▇▇▇▇▇▇▇▇▇▇▇▇▇▇▇ 천장에 발생한 누수 하자의 원인을 파악하고 그 보수에 소요되는 비용을 산정해달라고 감정을 신청한 건입니다. 이에 대하여 본 감정인은 현장조사시 원,피고의 진술 및 일부 시험을 통해 누수원인을 파악하고 피해상태를 조사하여 그에 소요되는 보수비용을 산정하였습니다.

감정대상물의 전경과 위치도는 다음과 같습니다.

~감정목적물 전경~

피해 전경 사진

위 감정보고서의 나오는 감정개요입니다. 감정개요를 통하여 감정인 현장감정 업무를 수행하여, 피해 상황을 확인하고 보수비용을 산정하겠다는 취지와, 누수원인에 대하여 감정하여 수행 결과를 보고서로 작성하겠다는 감정의 목표에 대해서 기재되어 있는 것을 확인할 수 있습니다.

> ■결론
> 위에서 살펴본 바와 같이 김정목적물▨▨▨천장에 생긴 하자는 많은 양의 비가 강한 바람과 함께 내리는 우천시 발생한 것으로 판단되며, 누수원인에 대한 조사에서 살펴본 바와 같이 우천시 데크밑의 배수구로도 배수가 어느 정도 이뤄졌을 것으로 판단되고 반대편 다른 1개의 배수구만으로도 시간당 100mm의 우천시에도 충분히 배수가 가능했을 것으로 판단되므로, <u>누수가 발생한 원인은 데크설치로 인한 방수층 파손이나 배수불량으로 인한 것이 아니라 지붕 방수 결함으로 판단된다.</u>

> 4. 감 정 결 과 | 지붕 방수 결함

다음으로, 감정인이 현장 감정 절차를 진행하면서 경험한 사실들과 그에 대한 감정 수행 내용들을 기재하고, 누수원인에 대한 결론을 기재하고 있습니다. 예시로 보여 드린 사건의 누수 원인은 지붕 방수 결함으로 보인다는 내용이 확인됩니다.

위와 같은 샘플은 보고서 내용 중 일부분만을 발췌해서 보여 드린 것이기 때문에 간단하게만 기재되어 있는데요. 이 앞에는 감정인이 해당 결론을 추론하기 위해서 수행한 실험이나 관측 결과 그리고 수집된 자료들을 분석하는 내용들이 기재가 되어 있습니다.

보통 감정인께서 결론을 도출한 과정을 상세히 기재하여 보고서를 작성하는 것이 일반적이기는 하나, 가끔 이러한 과정이 다소 간략하게 작성되어 있는 경우들이 있습니다.

그리고 우리가 보통 감정을 하면서 손해배상금액 산정에 대한 감정도 하게 되는데요. 이 뒤에 내용들은 원고 측 손해에 대하여 금액을 산정한 산정표가 붙어 있게 됩니다.

이렇게 감정보고서가 나오게 되면 곧 이어서 재판부가 변론기일을 지정해서 남은 재판 절차를 마무리하려고 진행하려고 합니다.

사실조회신청

 감정보고서가 법원에 보고된 시점이면 사건의 9부 능선을 넘었다고도 생각하기도 하는데요. 어떤 경우에는 이때부터 사건이 다시 시작되는 사건들도 있습니다.
 감정보고서가 부실하게 작성되었거나, 감정 보고 내용이 다소 모호해서 감정인의 추가적인 의견을 구하거나, 제시된 의견을 구체화시키는 작업이 필요할 때가 있습니다.
 예를 들어 우리 피해세대를 살펴보면 분명 창틀 쪽에 누수피해가 발생하였는데 감정서에 해당 피해 부분에 대하여 손해배상금액 산정을 누락한 경우를 생각해 볼 수 있는데요.
 그럴 때 우리가 감정인에게 사실조회를 보내서 누락된 내용이나 모호한 표현 등을 구체화하는 업무를 하게 됩니다. 사실조회신청은 별도의 양식이 있는 것은 아닙니다. 사실조회신청서를 통해서 감정인에게 몇 가지 질의를 하겠다는 뜻을 표시하고 질문사항을 적어서 법원에 제출하면 법원에서 감정인에게 사실조회서를 전달하게 됩니다.
 사실조회신청 역시도 전자소송사이트에서 손쉽게 작성할 수 있습니다. 민사소송 탭의 세부 메뉴에 사실조회신청탭이 존재하므로, 전자소송사이트에서 제공하는 양식에 맞추어 업무를 진행할 수 있습니다.

감정인께서 사실조회서를 수신하고 나면 이에 대한 답변을 적은 **사실조회회신서**를 법원에 제출하게 되고, 원피고가 해당 내용을 보고 필요한 주장사항을 정리하게 됩니다.

이 정도까지 진행하면 이제 감정 절차 및 감정과 관련된 부수 절차가 모두 마무리가 되었다고 생각해 볼 수 있습니다. 다만, 이 책에 기재되어 있는 내용들은 일반적인 감정 절차의 모습이라고 이해할 수 있습니다. 그러나, 누수사건의 경우 사건들마다 다양한 사실관계와 이해관계가 얽혀 있게 되므로 감정 절차 역시 특이사항이 발생할 수도 있습니다. 그런 경우 전문가의 조력 또는 조언을 구하여 적절한 조치를 취하여야 합니다.

감정인 증인신문

 대체로 감정인에게 추가적인 질의사항이 있는 경우 사실조회신청을 통해서 그 궁금증을 해결하는 것이 일반적입니다. 그러나 경우에 따라서는 감정인에 대해서 증인신청을 하여 감정인에게 궁금한 사항들을 물어보기도 합니다.
 감정인에 대한 증인신문이 많이 이루어지는 것은 아닙니다. 감정인은 보고서와 사실조회서회신을 통하여 감정인의 뜻을 전달하였으므로 특별한 경우가 아니고서는 감정인에 대해서 증인신문을 하는 것은, 결국 법원에서 다시 보고서와 사실조회 회신서와 같은 내용을 반복적으로 청취하는 것 외에는 별다른 의미가 없는 경우가 많기 때문입니다.
 때문에 재판부 역시도 감정인에 대한 증인신문을 잘 채택하지 않거니와, 당사자 중에서 증인신청을 한다 하여도 이를 받아들이지 않는 경우가 많습니다.
 그렇다면 감정인 증인신문이 진행되는 경우는 어떤 걸까요? 보통 **감정인의 감정 수행이 성실하게 이루어진 것이 맞는지**에 대하여 의문이 생길 때 진행됩니다. 감정인이 감정보고서를 통하여 어떠한 결과를 도출하였는데, 그 결과를 도출하기까지의 전제된 사실이나 논거들이 신뢰가 가지 않는 경우들이 존재하고, 감정인이 현장감정을 수행하면서 불성실하게 감정 업무를 수행하지 않았는지에 대하여 의구심이 드는 경우 감정인에 대해서 증인신문을 신청하게 됩니다.

재판부 역시도 이런 의심이 드는 경우, 만약 감정인이 불성실하게 감정 업무를 수행하고 보고서를 작성하였다면, 이러한 감정보고서를 배척해야 하는지에 대하여 고민할 수밖에 없습니다. 때문에 이런 경우 재판부에서도 감정인을 직접 법정으로 불러 감정인이 어떻게 업무를 수행하였는지에 대하여 청취하려고 합니다.

감정인 증인신문은 먼저 증인신청서와 같은 양식으로, 감정인을 증인으로 하여 신청서를 법원에 제출하거나 구두로 진술한 후 신청서를 제출하게 됩니다. 이 역시도 전자소송 사이트에 증인신청서 탭이 존재하므로 해당 양식을 활용하여 업무를 수행할 수 있습니다.

감정인에 대한 증인신문이 채택되면, 법원은 신문기일을 지정하게 됩니다. 보통 증인신문은 일반적인 변론 절차보다 시간이 오래 소요되므로 증인신문 기일을 따로 지정하게 됩니다. 그리고 보통 오후 3시 이후의 시간에 증인신문 기일이 진행됩니다.

증인신문을 신청한 당사자는 적어도 증인신문기일이 예정된 날로부터 일주일에서 열흘 정도 전에 미리 증인신문사항을 제출하여야 합니다. 증인신청서를 제출하면서 증인신문사항을 함께 제출하여도 괜찮습니다. 이렇게 사전에 제출하여 상대방에게 방어권의 기회를 보장할 수 있도록 해 줍니다.

증인신문사항은 다시 말하면, 감정인에게 묻고 싶은 질문이라고 이해할 수 있습니다. 증인신문사항을 작성할 때 주의사항은 질문의 내용이 어떠한 경험된 사실에 대하여 질문하는 것으로 하여야 합니다. 막연한 추측이나 어떤 법리적 의견을 묻는 것은 의미가 없으므로 삼가야 합니다.

예를 들어, 감정인께서 "현장감정을 진행하면서 어떠한 탐지방법을 사용하였나요?"와 같은 질문들은 잘 작성된 질문입니다. 그러나, 피고가 "누수탐지에 비협조적인 태도를 보였는데 감정인은 어떻게 생각하나요?"와 같은 질문들은 경험한 사실에 대한 질문이 아니므로 다소 부적절한 질문으로 이해될 수 있습니다.

증인신문기일이 진행되면, 감정인이 증인석에 착석하고 증인선서를 하게 됩니다. 이후, 신청인 측에서 미리 준비한 증인신문사항을 차례대로 감정인에게 질문하고 답을 청취하게 됩니다. 다음으로 상대방 측에서 준비한 증인신문사항을 증인신문기일 당일에 제출하고, 신문사항에 따라 차례대로 질문하고 답을 청취하게 됩니다.

위와 같이 당사자들의 질의가 끝나면, 대체로 재판부에서 궁금한 것들에 대해서 감정인에게 추가로 질의하게 되고, 여기에 대하여 답을 하면 절차가 마무리됩니다.

필자가, 감정인에 대한 증인신문 절차를 경험한 바에 따르면, 감정인에 대한 증인신문은 결국 감정보고서 내용과 사실조회회신 내용들에 대한 유사 반복으로 생각되는 상황이 더 많았습니다. 때문에 사실조회신청을 적극적으로 활용하되, 꼭 필요한 경우가 아니라면 감정인에 대한 중인신문은 그 실익이 그다지 크지 않은 절차로 이해되는 것 같습니다.

답변서

　답변서는 소장을 송달받은 피고가 원고의 소장에 대하여 피고의 주장을 정리한 서면을 말한다. 민사소송법 256조에 따르면 피고는 소장을 송달받은 날로부터 30일 이내에 답변서를 제출해야 합니다.

　만약 답변서를 제출하지 않을 경우, 판사는 피고가 원고의 청구를 인정하는 것으로 생각하고 무변론 원고 승소판결을 선고할 수 있습니다. 무변론이라는 것은 쉽게 말하면 법원에서 재판기일을 진행하지 않는 것을 의미합니다.

　때문에 소장을 송달받았다면 30일 이내 답변서를 제출하는 것이 중요합니다. 만약 30일 이내에 답변서를 제출하기가 어려운 사정이 있다면 변호사들이 흔히 말하는 **형식적 답변서**라고 제출하는 것이 좋습니다.

　형식적 답변서는 단순히 원고의 청구를 기각해 달라는 간단한 주장사항을 기재하지만, 왜 기각해야 하는지에 대하여 구체적인 내용을 기재하지 않은 답변서를 말합니다. 형식적 답변서는 보통 다음과 같이 작성됩니다.

[기재례]

답 변 서

사건　2024가소123456 손해배상(기)
원고　홍길동
피고　은하수

피고는 다음과 같이 답변서를 제출하고자 합니다.

-다 음-

청구취지에 대한 답변

1 원고의 청구를 기각한다.
2 소송비용은 원고의 부담으로 한다.

청구원인에 대한 답변

추후 제출 하겠습니다.

피고 은하수
○○지방법원귀중

위와 같이 청구취지에 대하여 **원고의 청구를 기각한다**는 뜻과 **소송비용은 원고의 부담으로 한다**는 내용을 간단히 기재하였지만, 구체적인 청구원인에 대한 답변은 추후 제출하겠다고 기재하는 것이 **형식적 답변서**입니다.

형식적 답변서를 제출하여도, 답변서를 제출한 것이므로 답변서를 제출하지 않은 불이익은 받지 않습니다.

만약, 개인적인 사정으로 인하여 형식적 답변서조차도 30일 이내에 제출하지 못하였다고 하여도, 너무 크게 걱정할 필요는 없습니다. 답변서 제출 기한이 30일이 도과하였다고 해서 곧바로 판사 무변론 원고 승소판결을 선고하는 것은 아닙니다.

재판부가 피고의 답변서를 기다리다가 너무 사건이 지체되거나, 원고가 변론기일 지정신청을 하게 되면 변론기일을 지정하게 되고, 변론기일에 피고가 출석하지 않거나 출석하였더라도 아무런 답변을 하지 않을 경우에 판결선고 기일을 지정하게 됩니다.

이렇게 지정된 판결선고기일까지 피고가 그때서라도 답변서를 제출하게 되면 곧바로 다시 판결선고기일을 취소하고 변론기일을 지정하여 본격적인 심리에 들어가게 됩니다.

그러니깐 다시 말하자면 답변서는 판결선고 전까지라도 제출하게 되면 사실상 불이익은 없다고 생각해도 무방합니다. 다만, 이렇게까지 분초를 다투어 업무하기보다는 당연하게도 미리미리 답변서를 제출하여 불필요한 위험을 감수할 필요는 없겠습니다.

답변서에 어떤 내용을 기재해야 할까?

앞서 답변서의 개념에 대해서 알아보았습니다. 그리고 시간이 촉박한 경우 형식적 답변서를 쓰는 방법도 알아보았습니다.

그렇다면, 형식적 답변서가 아닌 **실질적 답변서**는 어떻게 작성해야 하는지 알아보도록 하겠습니다.

1) 사실관계에 대한 정리

원고 소장을 찬찬히 살펴보면, **사실관계**에 대한 부분과 **법리적인** 부분이 존재합니다. 사실관계에 대한 주장들은 그동안 원피고 사이에 있었던 일들과 원고가 경험하였던 내용에 대한 주장들입니다. 법리적인 부분들은 원고가 본인의 청구취지와 관련하여 법적 근거를 제시한 부분들입니다.

분명 원고와 피고가 같은 사건에서 서로 부딪히면서 갈등을 만들었으므로 소송 절차가 진행이 된 것일 텐데요. 양 당사자가 기억하고 그리고 경험한 사실들이 다를 수 있습니다.

우선 답변서에 원고가 사실관계에 대하여 주장한 내용에 대하여 틀린 부분을 지적하고, 피고가 기억하는 또는 경험한 사실들이 무엇인지에 대하여 정리하는 것이 필요합니다.

누수사건의 경우 사소하게는 누가 언제 연락을 했는지 안 했는지부터, 누수탐지 과정 또는 탐지 결과에 대하여 서로 이해하거나 경험한 내용들이 다른 경우들이 많습니다. 이 부분에 대하여 대략적인 정리가 필요합니다.

다만, 앞서 소장 작성-누수사건의 개요 부분에서 설명드린 바와 같이 지나치게 세밀한 사실관계의 기재는, 글을 읽는 사람으로 하여금 무엇인 중요한지에 대하여 이해하기가 어렵게 만들기도 하고, 쟁점에 대한 집중력이 떨어지는 점, 그리고 어떻게 보면 누수사건에서 가장 중요하지 않는, 승패하고 아무런 관련이 없는 사실관계로 너무 소모적인 논쟁을 하는 것은 지양해야 한다고 생각합니다.

때문에 우리가 답변서를 작성할 때도 너무 소모적인 논쟁이 되지 않도록, 주요 사건들 위주로 정리하는 것이 중요하다고 생각됩니다.

2) 누수원인에 대한 인부

어떻게 보면 답변서에 들어갈 내용 중 가장 중요한 내용이 아닐까 합니다. 재판부 입자에서도 원고가 누수로 인하여 손해배상을 청구하는 사건이라면, 그 다음으로 피고에게 궁금한 것은 '그렇다면 피고는 원고가 주장하는 누수원인에 대하여 **인정하는가?**'일 것입니다.

때문에 답변서에도 이를 정확히 기재해 주는 것이 중요합니다. 아마도 이렇게 누수로 인한 소송까지 진행되었다면 피고 측에서는 원고 주장과 같은 누수원인에 대하여 인정하기가 어려울 것으로 생각됩니다. 그렇다면, 명확히 **이 사건 누수원인에 대하여 피고 측 책임이 존재하지 않는다** 또는 **누수원인은 피고세대의 전유부분에서 발생하지 않았다**와 같이 명확히 입장정리가 되면 판사가 사건을 이해하기가 수월합니다.

3) 원고 손해에 대한 반박

다음으로 원고의 손해와 관련된 주장에 대하여 항변사항을 기재해야 합니다. 원고는 누수로 인한 피해가 발생하여 여러 손해항목들을 주장하고 있을 것입니다. 그 부분에 대한 답변내용을 기재하여야 합니다.

원고가 인테리어 보수 공사 비용에 대하여 어느 정도의 금액을 제시하고 있다면, 왜 금액에 대해서는 인정하는지, 인정할 수 없다면 왜 인정할 수 없는지에 대하여 구체적인 의견을 제시하는 것이 좋습니다. 특히, 인테리어 보수 공사 비용은 여러 공사 항목들이 합계가 되어 청구가 되는데, 각 공사 항목들마다 문제점을 지적해 준다면 재판부 입장에서도 이를 고민할 수밖에 없습니다.

이렇게 재판부의 고민을 만들어 주고, 재판부가 피고가 문제 제기한 공사 항목들을 살펴보다가, 원고의 주장을 받아들이기 어렵다고 판단된다면 일응 피고의 전략이 유효적절하게 발휘되었다고 볼 수 있습니다. 따라서 손해항목들에 대하여 최대한 구체적으로 항변을 하는 것이 피고 입장에서는 유리하고, 그렇게 하기 위해서는 총 금액인 아닌 세부적인 금액들에 대하여 구체적인 의견을 제시하면서 다투는 것이 좋습니다.

그런데, 간혹 피고 측으로 소송수행을 하면서 '우리 집에 누수원인이 없는데 왜 내가 손해에 대하여 반박을 해야 하지, 그럴 필요가 없겠다'고 생각하시고 손해항목에 대하여 아무런 반박을 하지 않는 경우가 있습니다.

판사님께서 이에 대하여 소송지휘를 통하여 석명을 하면 다행인데, 그렇지 않을 경우 손해배상에 대하여 다툼이 없는 것으로 정리하고 불이익한 판결이 나올 가능성도 존재합니다.

채무부존재확인소송의 답변서

보통의 누수 관련 소송을 피해자가 원고가 되어 가해 의심자를 상대로 소를 제기하는 것이 일반적인 모습입니다. 그런데, 경우에 따라서 가해자가 피해자를 상대로 먼저 소를 제기하는 경우가 있습니다. 바로 채무부존재확인 소송입니다.

손해배상청구 소송의 청구취지는 **피고는 원고에게 금 100만 원을 지급하라**와 같은 형식을 취하는 것에 비하여 채무부존재확인소송의 청구취지는 '**피고의 원고에 대한 채무가 존재하지 않음을 확인한다.**' 또는 '**피고의 원고에 대한 채무가 금 100만 원을 넘어서 존재하지 않음을 확인한다.**'와 같은 모습으로 표현됩니다.

채무부존재확인소송은 가해자 측에서 먼저 소를 제기하기에 원고가 되고, 피해자 측이 소장을 송달받으므로 피고가 됩니다. 일반적 소송에서의 원고와 피고의 지위가 바뀌었다고 생각하면 이해가 편할 것 같습니다.

그런데 누수사건에서는 가해자 측에서 먼저 소를 제기하는 경우가 흔치는 않습니다. 소송을 제기하지 않고 기다리는 것이 보통의 모습이고, 그러다가 피해자 측에서 소를 제기하지 않고 유야무야 넘어가게 된다면 가해자 측에서는 더 바랄 것이 없을 텐데요. 왜 가해자 측에서 먼저 소를 제기하는 것일까요?

일반적으로는, 누수원인이 명확하여 누수원인에 대해서는 가해자와 피해자가 다툼이 없이 명확한 사건에서 가해자 측에서 일상생활배상책임보험이 가입되어 있는 경우에, 보험회사에서 변호사를 선임하여 소를 제기하는 경우가 있습니다.

가해자 측에 일상생활책임배상보험이 가입되어 있는 경우, 보험회사와 업무를 함께 수행하는 손해사정사가 현장을 방문하여 지급해야 할 보험비를 산출하게 되는데요. 보험회사 측에서 산정한 보험금과 피해자가 요구하는 피해금액이 현저하게 차이가 발생하는 경우가 있습니다. 보험회사 측에서는 일단 최대한 협상을 하고자 하는데요. 그럼에도 불구하고 의견이 좁혀지지 않는다면, 이럴 때 먼저 채무부존재확인소송을 제기하게 되는 것입니다.

보험회사 측에서 채무부존재 확인소송을 제기할 때에는 피해자의 의견을 수렴하는 것보다 차라리 소를 제기하여 판결을 받을 경우가 회사에게는 더 이득이 된다고 판단하는 경우에 진행된다고 볼 수 있습니다.

이렇게 채무부존재확인소송을 소장을 송달받게 된다면, 이에 대해서도 역시나 답변서를 제출하여야 합니다.

채무부존재확인소송의 답변서

누수사건의 채무부존재확인소송의 소장은 대체로 다음과 같은 내용들이 기재되어 있습니다.

① 누수피해의 발생
② 누수원인을 수리하였고 추가적인 누수피해가 없음
③ 피해자 측의 과도한 청구
④ 원고가 인정하는 손해의 범위 및 이를 초과한 채무에 대한 부존재 확인을 받고자 함

그렇다면, 위 내용에 비추어 답변서 역시도 작성을 하면 됩니다.
누수피해의 발생이나, 누수원인을 수리한 사실 등에 대해서는 아마도 크게 다툼이 없을 것입니다. 대체로 피해자 측에서 과도한 배상을 요구하였다는 주장이나, 손해의 범위에 관하여 많은 다툼이 있을 것으로 생각됩니다. 그렇다면,

1) 누수피해 발생 사실에 대한 인부 및 간단한 개요

누수피해가 발생한 사실과 관련하여 원고 주장 중 인정할 수 있는 주장과 인정할 수 없는 주장을 간단히 정리를 해야 합니다. 앞서 설명드린 바와 같이 채무부존재확인소송의 경우 대체로 누수원인을 인정하나, 손해배상금액에 대해서만 다툼이 있는 경우 종종 일어나므로 이에 대하여 인정하는 취지로 아마도 기재될 것으로 생각됩니다.

다만, 경우에 따라서는 누수원인에 대하여 인정하지 않고 있음에도

채무부존재확인 소송을 제기하는 경우가 있습니다. 예를 들어, 피해자 측에서 계속적으로 가해 의심 세대를 의심하고 수차례 누수탐지를 하였지만 가해 의심 세대에서는 별다른 누수원인을 탐지하지 못하였을 때, 더 이상 수인한도를 초과하여 지속적으로 연락을 하며 부당한 요구를 받는다면, 가해 의심 세대 측에서 확실히 하고자 채무부존재확인소송을 제기하기도 합니다. 이런 경우라면 누수원인에 대하여 서로가 다툼이 존재할 것이므로 이에 맞추어 답변서를 작성해야 할 것입니다.

위와 같이 누수원인에 대해서 서로 견해 차이가 존재한다면, 채무부존재확인소송의 답변서는 만약 피해자 측에서 먼저 소를 제기하였다면 기재하였을 소장의 내용과 유사하게 작성이 될 것입니다.

2) 협상 과정에 대한 설명

대체적으로 채무부존재확인소송을 양측 당사자가 손해배상금액에 대하여 서로의 견해 차이가 커 결국 소가 제기된 경우가 많습니다. 따라서 피해자 측과 가해자 측에서 협상 과정에 대한 내용들이 들어가 있는 경우가 있으며, 이러 내용들이 승패를 좌지우지할 내용들은 아니지만 당사자 입장에서는 피해자가 부당하게 과도한 청구를 하였다는 식의 주장에 대하여 당연하게도 억울함을 호소할 수밖에 없는 부분이기도 합니다.

따라서, 피해세대 측에서는 처음 인테리어 복구 비용을 어떤 방식으로 산정하였는지, 이에 대하여 상대방의 반응은 어떠하였는지, 양 당사자가 입장 차이를 조율하기 위하여 어떠한 노력을 하였는지에 대하여 간단히 기재하는 것이 좋습니다.

이런 유형의 사건들의 경우 대체로 피해자 측의 견적서가 시간이 지남에 따라 금액이 점점 늘어나는 경우가 많으며, 그로 인하여 입장 차이가 커 소가 제기되는 경우가 많으므로, 피해금액이 왜 점점 늘어날 수밖에 없었는지에 대하여 적절한 설명이 필요합니다.

3) 피해자 측의 손해배상금

채무부존재확인소송의 피고는 사실 먼저 소를 제기하였다면 원고가 될 수 있었던 점을 비추어 보면, 마치 소장을 작성하듯이 답변서를 작성하면 됩니다.

그렇다면, 누수로 인하여 피해자가 입은 손해에 대하여 소장의 청구원인을 작성하는 방법으로 재판부에 설명하는 것이 좋습니다. 나아가, 채무부존재확인소송의 소장은 보통의 경우 피고가 인정하는 손해의 범위에 대해서도 기재가 되어 있는 경우가 많은데요. 피고가 인정하는 손해의 범위가 왜 부당한지에 대한 설명도 필요합니다.

이를 설명하기 위해서는 피고가 제시한 증거들에 비추어 볼 때, 공사 범위가 부당하게 축소되었는지, 공사항목이 부당하게 배제된 것이 있는지 등에 대하여 구체적인 확인하여 이를 답변서에 기재하는 것이 좋습니다.

4) 감정신청 여부

채무부존재확인 소송의 경우, 원고가 피고에 대한 채무가 전부부존재한다고 주장하는 경우도 있지만, 일부에 대해서는 인정하고 그 부분을 초과한 부분에 대한 채무가 부존재함을 확인한다는 취지로 소가 제기됩니다.

그런데, 간혹 채무부존재확인소송에서 피해자가 피고의 지위를 가지고 있으니깐, 피해자의 손해에 대해서 원고가 입증해야 하는 것 아니냐고 생각하는 의뢰인분들도 계시는 것 같습니다.

그러나, 앞서 말씀드린 바와 같이 채무부존재확인소송에서는 피고의 지위에 있지만 미리 소를 제기하였다면 원고가 되었을 것이고, 어떠한 손해가 발생하였다는 점에 대해서는 피해자가 입증책임을 부담하고 있는 우리 민사소송법상의 원리 등에 비추어 볼 때, 피해자인 피고가 입증책임을 부담하게 되고, 이를 입증하기 위해서는 감정신청을 진행할지 여부에 대해서 고민해야 합니다.

따라서, 답변서에 앞으로 입증을 사진이나 문서 등과 같은 서증제출을 통해서 할 것인지, 아니면 감정신청을 통하여 할 것인지에 대해서 의견을 함께 기재하는 것도 좋습니다.

준비서면 및 증거설명서

소장이나 답변서 그리고 감정신청서와 같은 서류들을 제외하면, 대부분 법원에 우리의 주장이나 증거 방법을 제출할 때에는 보통 준비서면이라는 제목을 기재하여 제출하게 됩니다.

준비서면은 아래와 같은 모습을 하고 있습니다.

준비서면

기재례

```
사건    2024가단123456 손해배상(기)
원고    홍길동
피고    은하수

        원고는 다음과 같이 준비서면을 제출하고자 합니다.

                    -다 음-

1. 준비서면 제출 취지
  피고가 지난 2024. 12. 31.자로 답변서를 제출하였는바, 답변서에 기재
```

> 되어 있는 피고의 주장 중 일부 사실과 다른 부분이 있으므로 이에 대하여 반박하고자 본 준비서면을 제출합니다.
>
> 2. 피고주장의 요지
> 피고는 이 사건 누수원인이 피고의 전유부분에 발생한 것이 아니라는 취지로 주장하고 있으며, 그에 대한 증거로 을제3호증 등을 제시하고 있습니다.
>
> 3. 피고주장에 대한 반박

 그러나, 준비서면은 어떠한 특정한 양식을 가지고 있는 것은 아닙니다. 제목에 "준비서면"이라고 표시를 하고 사건 번호와 당사자를 표시한 다음, 자신의 주장에 맞춰서 내용들을 정리하게 됩니다.
 준비서면은 가능하면 변론기일 1주일 전까지는 제출하여야 합니다. 우리 민사소송법은 법령상으로는 구두변론주의를 채택하고 있습니다. 말 그대로 가능하면 당사자가 법원에 출석하여 구두변론을 하는 것을 원칙으로 하겠다는 것인데요. 그런데 현실은 법원이 처리해야 하는 사건이 워낙 많음에도 이를 처리하는 판사의 인력이나 재판부의 수가 충분하지 않아, 판사의 업무가 과중되어 있는 것이 현실입니다.
 그렇기에 실제 법원에 출석하여 보면 10분 사이로 2-3건의 사건들이 진행되고 있는 것을 볼 수 있는데요, 거의 사건 하나당 채 5분도 걸리지 않고 변론 절차가 끝나게 되는 것입니다. 그렇기에 짧은 변론 시간 동안 양측 당사자에게 구두변론을 시키는 것이 어려운 것이 현실이므로, 미리 준비서면을 법원에 제출하고, 당사자는 법원에 출석하여 미리 제출한 준비서면을 **진술하겠다**라고 말하는 것으로 구두변론을 한 것을 간주를 하게 됩니다.

이렇게 보면 우리 재판이 너무 형식적으로 진행된다는 생각을 하실 수도 있을 것 같습니다. 그런 부분에 대하여 필자도 상당히 공감하는데요. 다만, 준비서면을 미리 제출할 경우 재판부에서도 당사자의 주장을 잘 정리된 서면을 형태로 제공받다 보니 아무래도 구두로 듣는 것보다 사건을 이해하는 데 있어서 보다 쉽다라는 이점도 존재합니다.

준비서면을 많이 제출하는 것이 항상 유리하다고 볼 수는 없습니다. 중요하지 않은 사실관계들을 너무 방대하게 나열하면, 주장의 집중력이 떨어지고, 계속 반복되는 주장으로 인하여 소송 절차를 지휘하는 재판부로 하여금 피곤함을 유발할 수 있다고 생각됩니다.

증거설명서

누수소송의 경우 누수피해 사진이나 동영상들을 제출하다 보면 점차 증거의 양이 많아지게 됩니다. 그렇게 되면 각 증거들이 어떤 주장을 입증하기 위해서 제출하였는지에 대하여 알기가 쉽지 않습니다. 그런 경우 증거설명서를 제출하여, 재판부의 이해를 도울 수 있습니다.

호증번호	증거명칭	입증취지
갑제3호증	안방 누수피해 사진	최초 누수피해 발생 이후에서 이 사건 안방 부동산 천장에서 지속적으로 누수피해가 발생하였음을 입증하기 위함
갑제4호증	누수탐지 소견서	피고세대 누수탐지를 수행하였던 업체의 소견서로 당시 세대 내 배관에서 공기압이 빠지는 상황을 관측하였음
갑제5호증	문자 메시지	2000년 00월 00일 피고와의 사이에서 주고받은 문자 메시지 누수피해 즉시 피고에게 누수 발생 사실을 통보하였던 사실을 입증하고자 함

증거설명서는 당사자가 준비서면 안에서 위와 같은 표로 정리하여도 되고, 별도의 증거설명서라는 제목으로 문서를 제출해도 됩니다.

특히 사진 자료의 경우에는 앞서 소장에서 언급한 바와 같이, 촬영한 장소가 어디인지, 촬영한 시점은 언제인지를 정리하여 제출하면 재판부 입장에서도 도움이 될 수 있습니다.

9

청구취지 및 청구원인 변경신청서

청구취지 및 청구원인 변경신청이란?

 소장을 작성하여 법원에 접수하고, 상대방 답변 태도에 따라 감정신청도 하여, 감정보고서가 나왔다면 이제 원고의 청구취지와 청구원인을 변경이 필요한 시점이 오게 됩니다.

청구취지 변경이란?
 원고가 최초 소장에 기재하였던 청구취지를 변경하겠다는 것입니다. 변경을 한다는 것은 크게 다음과 같은 유형들로 나누어 볼 수 있습니다.

 1) 손해배상금액에 대한 증액 또는 감액
 2) 새로운 청구취지를 추가 또는 기존 청구항목을 철회(또는 취하)

손해배상금액에 대한 증액 또는 감액
 우리 누수소송을 제기하면서 상대방에게 책임을 묻고자 하는 손해배상금액에 대하여 증액 또는 감액을 할 수 있습니다. 증액이라고 한다면 기존의 청구취지보다 더 많은 금액을 요구하겠다는 것이고, 감액은 기존청구취지 중 일부를 포기하겠다는 것을 의미합니다.

증액이 필요한 이유는 단순합니다. 처음 소장 작성 시 일부청구를 하여 애당초 소송금액 자체가 높지 않은 경우, 감정보고서의 회신된 내용에 비추어 적절한 손해배상금액으로 청구하는 경우를 생각해 볼 수 있습니다.

한편으로, 처음 소장 작성 시에서도 적절한 금액을 청구하였으나, 시간이 지남에 따라 피해의 범위가 넓어졌거나, 추가적인 손해들이 발생하였거나, 예상하였던 금액보다 감정결과 보수비용이 더 많이 들어간 것으로 확인된 경우에도 당연히 손해배상 금액을 증액할 필요가 있을 것입니다.

손해배상금액을 증액하기 위하여 청구취지를 증액한 경우, 증액한 금액만큼 소가가 높아지게 되므로 법원에서는 이에 대해서 추가로 인지대를 납부할 것을 명하게 됩니다.

반대로, 처음에 소 제기 당시에 예상하였던 손해배상금액보다 감정을 통하여 산출된 보수비용이 적을 경우, 감액을 할 필요가 있습니다. 다만, 증액과 달리 이처럼 감액을 해야 하는 경우 몇가지 변수들이 있습니다.

청구취지를 증액하는 것에 대해서, 피고의 의사와 상관없이 원고가 자유롭게 가능합니다. 그러나, 청구취지를 감액하는 것에 대해서, ① 피고가 청구취지 변경신청서 부본을 송달받은 날로부터 2주 이내에 아무런 의사표시가 없거나 ② 피고가 이에 대하여 명시적으로 동의한 경우에만 감액이 가능합니다.

대체로 청구취지를 감액하는 내용의 청구취지 변경신청서를 제출하는 경우 대부분의 피고들이 이에 대하여 별다른 의사표시를 하지 않거나 간단히 동의의 의사표시를 법정에서 하는 경우가 많습니다.

그러나, 감액에 대하여 **부동의**가 가능하므로, 부동의 의사표시를 하여 원고의 청구취지가 감액되지 않도록 하는 경우도 분명 존재합니다. 왜냐하면, 원고가 감액하고자 하는 이유는 감액을 통하여 패소부분을 없는 판결을 받고자 하기 때문입니다. 그렇기에 반대로 피고 입장에서는 원고 패소 부분이 판결문에 명시되기를 원하고, 그에 상응하는 소송비용 부담에 대한 결정을 받기 위해서 **부동의**를 하는 것입니다.

이렇게 청구취지를 감액하는 것에 대해서는 온전히 원고의 마음대로 할 수 없는 부분들이 존재하므로, 이런 이유에서라도 소장을 작성할 때 너무 무리하지 않게 청구취지를 작성하는 것이 중요하다 할 것입니다.

새로운 청구취지를 추가 또는 기존 청구항목을 철회(또는 취하)

청구취지를 변경하는 이유 중에 하나는 새로운 청구항목을 추가하거나 삭제하는 것입니다. 기존 소장에서는 기재되지 않은 아예 새로운 내용의 청구항목을 추가하거나, 기존 소장에 기재하였던 청구항목 자체를 삭제하는 것입니다.

누수소송에서 위와 같은 청구취지를 하는 경우는 대체로 누수방지 이행공사와 관련이 있습니다.

처음 소장을 작성할 당시에 구체적인 누수원인에 대하여 확인하기가 어려워 누수방지이행공사에 대해서 청구항목을 기재하지 못한 경우들이 있습니다. 그런 경우 이제 감정보고서를 통하여 구체적인 누수원인이 확인되었고, 그에 대한 보수 공사 방법에 대한 의견이 제시되었다면 이를 기초로 누수방지이행공사의 내용을 담은 청구취지를 추가하게 됩니다.

보통 청구취지 1항에 손해배상금액에 대한 내용을 담게 되므로, 청구취지 2항에 누수방지이행공사에 대한 내용을 기재하게 됩니다. 누수방지이행공사의 청구취지의 형식은 앞서 소장 작성 편에서 설명해 드렸습니다.

이렇게 처음 소장에는 기재하지 않았지만, 감정보고서 회신 이후 누수방지공사이행명령을 추가하게 되는 경우, 재판부의 변경이 있을 수 있습니다.

누수방이행공사에 관한 내용이 없는 소장의 경우, 청구취지 1의 금액이 3,000만 원 이하인 경우 소액사건 재판부로 배당이 되게 됩니다. 그런데 누수방지이행공사 명령이 추가될 경우, 더 이상 소액사건으로 심리할 수가 없게 되므로 재판부가 단독사건 재판부로 재배당될 수 있다는 점도 유의해야 하겠습니다.

사건이 재배당되게 된다면, 새롭게 사건을 담당하는 재판부에서 변론기일을 지정하는 데까지 최소 1-2개월 정도의 시간이 소요되게 됩니다.

신청서 작성 방법

청구취지 청구원인 변경신청서는 다음과 같은 모습으로 작성됩니다.

기재례

청구취지 및 청구원인 변경신청서

사건   2024가소 123456 손해배상(기)
원고   홍길동
피고   임꺽정

위 사건에 관하여 원고는 다음과 같이 청구취지 및 청구원인을 변경하고자 합니다.

변경된 청구취지

1) 피고는 원고에게 금 5,000,000원 및 이에 대한 이 사건 청구취지 및 청구원인 변경 신청서 부본 송달일 다음 날부터 다 갚는 날까지 연 12%의 비율에 의한 돈을 지급하라.

2) 피고는 인천 연수구 소재 부동산에 관하여 - 방법으로 누수방지공사를 이행하라.

3) 소송비용은 피고의 부담으로 한다.

4) 위 제1항은 가집행 할 수 있다.

라는 판결을 구합니다.

변경된 청구원인

1. 원고는 이 사건 소장 및 2024. 00. 00. 도착한 감정서 내용을 원용하고자 합니다.

2. 누수원인에 대하여

감정인이 지난 2024. 00. 00.에 제출한 감정서를 살펴보면, 이 사건 원고 세대 부동산에 발생한 누수원인은 피고세대 화장실 방수층 문제인 것으로 확인됩니다.

3. 원고의 손해에 관하여

감정인은 이 사건 원고세대에 훼손된 인테리어를 보수하는 데 총 5,000,000원의 비용이 필요할 것으로 판단하였습니다.

4. 누수방지공사 이행명령과 관련하여

감정인은 피고세대 화장실 방수층을 공사하기 위하여 —방법이 필요할 것으로 판단하였습니다.

5. 결어

위와 같이, 원고의 청구취지 및 청구원인을 변경하고자 하오니, 원고의 청구를 인용하여 주시기 바랍니다.

청구취지 및 청구원인 변경신청서를 작성하면서 가장 먼저 **변경된 청구취지**를 작성하게 됩니다. 변경된 청구취지는 그동안 소송 절차를 진행하면서, 더하여 감정인으로부터 받은 구체적인 손해배상금액에 대한 판단까지 모두 합산하여 금액을 기재하게 됩니다.

한 가지 주의해야 할 점은 이자에 관한 기재 부분입니다. 기존 소장을 통하여 **일부청구**를 하였다면, 이번에 청구취지 청구원인 변경신청을 하면서 새롭게 증액된 금액들이 존재하게 되는데요. 해당금액은 소장에 기재된 것이 아니고 이번 청구취지 및 청구원인 변경신청서에 처음으로 기재된 금액이므로, 이렇게 증액된 금액에 대해서는 이번 **청구취지 및 청구원인 변경신청서 부본 송달일 다음 날부터** 이자가 발생한다는 점을 명확히 기재해야 합니다.

보통 가장 많이 하는 실수로 **소장 부본 송달일 다음 날부터**라고 기재하는 경우가 많으나 그렇게 기재할 경우 보정명령이 내려오게 되므로 미리 주의하시면 좋겠습니다.

다음으로 변경된 청구원인에 대해서 설명을 해야 하는데요. 기존 소장을 통해서 우리 사건의 개요와 기본적인 사실관계에 대해서는 어느 정도 설명이 되었으므로, 이번 변경된 청구원인에서는 감정을 통해서 밝혀진 사실들을 설명하는 것이 중요하다고 하겠습니다.

변경된 청구원인으로는 크게 2가지를 주안점을 두고 기재를 해야 하는데요. 첫 번째는 원고의 손해배상금액이 최종적으로 얼마로 특정이 되었는지, 두 번째로는 누수의 원인이 무엇이고 이에 대한 누수방지공사에 대한 내용입니다.

청구취지 변경신청을 하는 현재 시점이라면 감정을 통하여 구체적인 손해배상금액이 산정되었을 것으로 생각됩니다. 감정인이 감정보고서를 통하여 우리 피해 부동산에 필요한 인테리어 공사항목은 무엇이고, 각 항목마다 공사금액에 대해서 구체적으로 설명을 해 주었을 것입니다. 이를 인용하여 우리의 손해배상금액을 정리할 수 있습니다.

인테리어 보수 공사 금액에 필요하다면 이사 및 짐 보관비용, 숙박비 등을 더하여 우리의 최종적인 손해배상금액을 정리할 수 있습니다.

다음으로 누수원인에 대하여 감정을 통하여 밝혀진 사실을 정리하고, 감정인이 제시한 누수원인을 제거하기 위한 공사방법에 대한 설명을 기재하게 됩니다. 누수방지공사 이행명령의 법적 근거는 민법 제214조 소유권에 기한 방해배제 청구권임을 명시해 주시는 것도 좋습니다. 대부분은 판사님들께서 해당 내용을 기재하지 않아도 이해를 하시지만, 간혹 이에 대해서 석명이나 보정명령이 내려오게 되므로 미리 기재해 주시는 것이 좋겠습니다.

청구취지 청구원인 변경신청서 접수 시점은?

청구취지 및 청구원인 변경신청서는 가능하면 예정된 변론기일 1개월 전에는 제출하는 것이 좋으며, 가능하다면 늦어도 예정된 변론기일 1주일 전까지는 제출하는 것이 좋습니다.

청구취지 및 청구원인 변경신청서를 제출하게 되면 상대방 입장에서는 원고가 새로운 주장을 하는 것이므로, 이에 대하여 방어를 할 기회권을 보장받아야 합니다. 때문에 너무 촉박해서 신청서를 제출하게 되면, 피고는 이에 대하여 반박할 기회를 부여받기 위하여 변론기일을 속행해 줄 것을 요청하게 되며, 재판부는 보통 이 요청을 받아들여 줄 수밖에는 없습니다.

따라서, 불필요한 기일이 속행되어 시간이 소요되는 것을 방지하기 위해서라도 미리 신청서를 제출하는 것이 바람직합니다.

10

판결 및
그 이후의 절차

판결선고

청구취지 및 청구원인 변경신청서까지 모두 제출하고, 원고와 피고가 모두 공방을 마치고 나면 **판결선고기일**을 별도로 지정하게 됩니다.

보통 마지막 변론기일 때 판결을 선고하는 것으로 이해하고 있지만, 실제로 법원에서는 변론기일과 판결선고 기일을 구분해서 지정하게 됩니다.

재판부가 "이 사건의 변론을 종결하고 판결선고 기일을 지정하겠습니다."라고 말을 하게 되면, 우리가 생각하는 재판 절차가 모두 끝나게 된 것입니다. 법관은 현 시점까지 당사자들이 법정에서 진술한 내용들과 제출한 각 증거들, 그리고 감정인의 감정서를 토대로 판결문을 작성하게 됩니다.

보통 판결선고 기일은 변론종결일로부터 약 1개월 뒤에 지정되는 경우가 많습니다.

판결선고기일은 당사자들이 출석하지 않아도 상관없습니다. 당사자가 출석하지 않으면 법정에서 법관이 판결주문 내용을 대해서 구두로 낭독하게 되고, 선고 결과는 나의사건검색 사이트를 통해서 **원고승, 원고일부승, 원고패**와 같이 간단하게 내용을 확인할 수 있습니다.

판결선고일로부터 약 1-2일 정도 뒤에 법원에서는 판결문을 당사자에 송부해 드리게 됩니다. 판결문을 통하여 구체적인 주문 및 판단 이유에 대해서 확인할 수 있습니다.

물론, 판결선고 기일에 법원에 출석하여도 괜찮습니다. 당사자가 출석한 경우 재판부에서는 주문을 낭독한 이후 그렇게 판단한 이유에 대해서 간단하게 설명을 하는 정도로 절차가 진행됩니다.

불복절차(항소심 및 상고심)

 판결문을 수령하였다면 1심 재판 절차가 모두 종료되었음을 의미합니다. 판결문 내용에 따라서 승복이 될 수도 있고, 억울한 마음이 들 수도 있습니다.

 판결 내용에 대하여 불복하기 위해서는 1심절차에서는 항소장을, 2심절차에서는 상고장을 제출해야 합니다. 항소장 또는 상고장은 판결문을 송달받은 날로부터 14일 이내에 제출해야 합니다. 항소를 하기로 결심을 하였다면 너무 기한에 촉박하여 항소장을 제출하는 것보다는 넉넉히 1주일 정도를 남겨 두고 미리 항소장 또는 상고장을 제출하는 것이 바람직하겠습니다.

 항소장의 기재례는 다음과 같습니다.

기재례

```
                    항 소 장

사건    2024가소1234567
원고    홍길동
```

피고   임꺽정

위 사건에 관하여 항소인(원고)는 2024. 00. 00. 선고한 판결 중 원고 패소 부분에 대하여 불복이므로 이에 항소를 제기합니다.

원판결의 표시

1. 원고의 청구를 기각한다.
2. 소송비용은 원고의 부담으로 한다.

항소취지

1. 원심판결 중 원고 패소부분을 취소한다.
2. 피고는 원고에게 금 5,000,000원 및 이에 대한 청구취지 및 청구원인 변경신청서 부본 송달일 다음 날부터 다 갚는 날까지의 이자를 지급하라
3. 소송비용은 피고의 부담으로 한다.
4. 제1항은 가집행할 수 있다.

라는 판결을 구합니다.

항소이유

추후 제출하겠습니다.

위와 같이 항소심은 1심판결에 불복한다는 의사를 표시하고, 항소하는 부분에 대하여 **항소취지**에 표시하게 됩니다. 보통 항소이유는 "추후 제출하겠습니다."라고 표시하는 경우가 많습니다.

그 이유는, 항소장은 판결송달일로부터 14일 이내에 제출해야 하는데, 위 항소장 제출기한에 항소이유까지 모두 다 설명하는 항소장을 작성하는 것은 너무나 시간적으로 촉박하기 때문입니다. 또한, 항소장을 접수하고 나면, 항소심법원에서 **항소장접수통지서**를 보내게 되고, 위 항소장접수통지서를 받은 날로부터 20일 이내에 항소이유서를 제출해야 하므로, 이때 구체적인 항소이유를 기재하면 되므로 항소장에서는 구체적인 항소이유를 기재하지 않는 것입니다.

인지대 송달료 납부

항소장을 접수한 이후, 법원에서 항소심 인지대 및 송달료를 납부하라는 보정명령이 내려오게 됩니다. 간혹 항소장만 접수하면 알아서 항소심 절차가 잘 진행될 것이라고 생각하고 보정명령에 대해서 신경을 안 쓰는 경우들이 있습니다.

항소심 인지대 및 송달료를 제때 납부하지 않으면 항소심 절차가 각하가 될 수 있으므로 각별히 주의하여야 합니다. 항소장 제출 이후 인지대 송달료를 납부해야 한다는 점을 미리 유념하고, 적절한 시일에 납부하여 불이익을 당하는 일이 없도록 해야 합니다.

항소심 절차의 진행

항소심 절차는 1심절차 진행과 동일하다고 생각하시면 됩니다. 항소심 재판부에서 변론기일을 통지하고 변론기일 때 양 당사자가 주장 및 항소심절차를 진행하면서 필요한 증거 신청 방법들에 대하여 논의하고, 변론 절차가 속행됨에 따라 필요한 증인신문과 같은 절차들을 수행하면서 변론이 진행됩니다.

누수사건을 진행하면서 가장 많이 질의를 받는 것 중에 하나가 항소심 절차를 진행하게 되면 **재감정**을 하는지에 대한 질문인데요.

우리가 1심에서 소송 절차를 잘 수행하여 좋은 결과를 얻었는데 상대방이 항소를 하였고, 항소심에서 혹시 재감정을 하여 결과가 뒤바뀌는 것은 아닐지 걱정을 하게 되는데요.

재감정이 항소심 절차에서 꼭 필수적으로 이루어지는 것은 아닙니다. 항소심 재판부에서도 가능하다면 1심을 진행하면서 제출된 증거들을 기초하여 업무를 수행하려고 하는데요. 때문에 **재감정**이 구태여 필요하지 않은 경우들이 대부분입니다.

상대방 입장에서는 1심 감정결과가 자신에게 불리하다는 이유만으로 재감정을 신청하였다면 재판부가 이를 받아들이지 않을 가능성이 높습니다. 만약 재감정을 신청한다면, 기존 감정인이 수행한 감정 업무 중에서 어떠한 문제점이 있었는지를 구체적으로 설명하거나, 1심 감정 내용 외에 추가적인 감정사항이 존재하고 그 감정사항이 판결에 영향을 미칠 수 있는지에 대하여 합리적인 설명이 제시가 되어야 합니다.

  위와 같은 설명 없이 1심 감정 결과가 자신에 불리하다는 이유로 재감정신청을 하는 것은 큰 의미가 없다고 할 것입니다.

소송비용확정신청

판결문 송달 이후 원과 피고가 모두 불복을 하지 않으면 해당 판결을 확정되어 더 이상 이에 대하여 다툴 수 없는 상태가 됩니다.

양 당사자는 판결문 내용에 기재된 바에 따라서 필요한 의무를 이행하여야 합니다. 다만, 판결문에 기재되지 않았지만 당사자에게는 중요한 문제로 소송비용에 대한 문제가 있습니다.

판결문에는, **소송비용은 피고의 부담으로 한다**거나, **소송비용 중 10%는 원고가, 나머지는 피고가 부담한다**와 같이 소송비용에 대한 주문이 기재되어 있으나, 구체적인 소송비용에 대한 것은 기재가 되어 있지 않습니다.

때문에 상대방에게 임의계산한 소송비용을 청구하였으나, 상대방이 지급을 거절한 경우 별도로 **소송비용확정신청**을 해야 합니다.

소송비용 확정신청서의 예시는 다음과 같습니다.

| 기재례 |

소송비용액확정결정 신청서

사 건   2024가소12345 손해배상(기)
신청인(원고)   홍길동
피신청인(피고) 임꺽정

신청취지

신청인들과 피신청인 사이의 ○○지방법원 2024가소12345호 손해배상(기) 판결에 의하여 피신청인이 신청인에게 상환하여야 할 소송비용액은 00,000,000원임을 확정한다.
라는 결정을 구합니다.

신청이유

1) 귀원에서는 00지방법원 2024가소12345호 손해배상(기) 사건에 관하여 2000. 00. 00. 아래와 같은 판결을 하였습니다.

주문

판결문의 주문내용 기재

2) 이에 신청인은, 피신청인이 신청인에게 부담하여야 할 소송비용을 (금 0,000,00원)소송비용계산서와 같이 신청하오니, 이를 확정하여 주시기 바랍니다.

첨부서류

① 소송비용계산서   1통

② 판결문   1통

③ 송달, 확정증명원   1통

④ 송달료납부서   1통

⑤ 영수증 사본   1통

⑥ 위임장   1통

○○지방법원 귀중

[별지]

소송비용계산서

신청인 : 원고 ○○○
제1심 소가 : 0,000,000원   (단위 : 원)

1. 피신청인이 신청인에게 상환하여야 할 소송비용액

심급	비용액	비목	비고
제1심		변호사보수	변호사보수 소송비용산입에관한 규칙 [별표] 300만원까지 부분 30만원
		인지대	2000. 00. 00. 자 000,0000원
		송달료	2000. 00. 00. 자 000,0000원
		감정료	2000. 00. 00. 자 000,0000원
소계	0		

2. 소송비용액확정신청비용

　인지대 : 금　　900원
　송달료 : 금　31,200원
　소　계 : 금　32,100원

3. 상환 받아야 할 총 금액

∴금 0,000,000원

위와 같이 소송비용확정신청서를 작성하여, 기존 소송 업무를 수행하였던 관할 법원에 제출하면 됩니다. 소송비용확정신청은 소송 절차가 아니기에 별도의 변론기일과 같은 절차를 진행되지 않습니다. 법원에서 심리를 하여 결정을 하게 되며, 법원에서 신청과 관련하여 궁금한 사항이나 보완 사항이 필요하다면 당사자에게 보정명령 등을 통하여 의견과 추가적인 자료를 청취하게 됩니다.

추후 소송비용확정신청에 대한 법원의 결정이 내려지게 된다면, 이를 근거로 하여 강제집행 또한 가능합니다.

마치며

 민사소송과 관련된 책들은 이미 시중에도 많이 존재하고 있습니다. 그런데 **누수**라는 특정한 사건 유형에 맞추어서 기술된 책들은 존재하지 않습니다.

 그렇다 보니 당사자들은 불필요한 민법과 민사소송법 전체에 대해서 공부를 해야 하고, 인터넷 검색들을 활용하면서 정보를 수집해야 하는 어려움이 존재합니다. 자칫, 인터넷에 출처도 없이 떠돌아다니는 잘못된 정보들로 인하여 잘못된 소송 절차를 수행하게 된다면 그보다 더 안타까운 일은 없을 것입니다.

 누수사건의 경우 어떻게 보면 우연치 않게 본인의 의사와 상관없이 피해를 입게 된 사람들이, 스스로의 권리를 구제받기 위해서 자신의 시간과 비용을 들여 소송을 해야 하는 안타까운 상황을 생각해 볼 수밖에 없습니다.

 한편으로, 피해세대의 과도한 의심으로 인하여 지속적인 시달림을 당하고 있는 당사자들도 이러한 소송 절차를 고민해 볼 수도 있을 것입니다.

 모쪼록, 본 책이 위와 같이 안타깝고 억울한 당사자들에게 조금이라도 도움이 되기를 바랍니다.

  나 홀로 누수소송은 필자가 변호사로서 활동하는 동안에 계속적으로 매년 업데이트를 할 계획이며, 시간상 이번에 다루지 못한 부분들과 향후 독자들과 의뢰인들로부터 받은 궁금증들에 대해서도 보완하여 계속적으로 발행할 계획입니다.

  감사합니다.

나 홀로 누수 소송

ⓒ 박종은, 2025

초판 1쇄 발행 2025년 5월 1일
    2쇄 발행 2025년 8월 25일

지은이	박종은
펴낸이	이기봉
편집	좋은땅 편집팀
펴낸곳	도서출판 좋은땅
주소	서울특별시 마포구 양화로12길 26 지월드빌딩 (서교동 395-7)
전화	02)374-8616~7
팩스	02)374-8614
이메일	gworldbook@naver.com
홈페이지	www.g-world.co.kr

ISBN 979-11-388-4229-7 (03360)

- 가격은 뒤표지에 있습니다.
- 이 책은 저작권법에 의하여 보호를 받는 저작물이므로 무단 전재와 복제를 금합니다.
- 파본은 구입하신 서점에서 교환해 드립니다.